目　次

はじめに …………………………………………………………… 1

1. システムの研究開発教育に40年 …………………………… 3
2. 股のぞきから新しい発想を …………………………………… 7
3. 世界に翔く地域の信頼拠点 …………………………………… 15
4. お月様を見たら夢を …………………………………………… 23
5. シリコンバレーの匂い ………………………………………… 35
6. 世界地図を描く大切さ ………………………………………… 43
7. 驚く心と経路探索 ……………………………………………… 55
8. 風と人生 ………………………………………………………… 64
9. あみだくじと人生 ……………………………………………… 76
10. 情報の圧縮と言葉遊び ………………………………………… 85
11. イソップ物語：キツネとツル ………………………………… 89

付録　Think Flexibly, Act Robustly: Your Keys to Success … 95

はじめに

　私の父親は外国航路の船長で、それもあって「洋」という名をもらいました。小学生時代は不在のことが多かったのですが、たまに帰ってくると「問題に対しては複数の案を持つことが大切だ。一つしか考えられない人間になるな」とよく言われました。幼かった当時は、数学でも国語でも理科でも社会でも問題に対しては答えが一つだけでしたので、「何を言っているのかわからん」と正直思っていました。

　その後大学に進学して数理科学・システム科学を学び、その中で「多目的最適化」という技法を学びました。例えば、A 地点から B 地点に行く経路を探すのに、最短時間で行くのか、最安価格で行くのかで答えは変わり、同時に最適化はできないというものです。さらに社会に出てシステム・エンジニアとして製品開発に関わると、コスト、性能、納期など何を重要と考えるかの視点によって設計が変わりました。問題そのものを俯瞰的に見る力（システム思考）が大切だとわかってきました。

　大学教員になってからは、学生たちには、学ぶにあたり、これまでの「与えられた問題を解くための知識を得る」のではなく、問題の本質を考え、さまざまなことを調査・比較し、発表するシステム思考力を磨いてほしいと思い指導を行いました。システム的発想をするには、分野の違う人とコミュニケーションを図る力・交渉する力・調整する力も大切です。

　本書は、私が 2015 年に大阪府立大学第 15 代学長に就任してから、入

学式、学位記授与式で述べた式辞を中心に加筆を行ったものです。「しなやかにしたたかに」というのは、学生時代の恩師・椹木義一先生がよく使われていました。当時の映画の題名から来ているようですが、思考するときの大切な姿勢だと思い、本書のタイトルに使っています。式辞部分は敬体、それ以外は常体で表記しました。式では、スピーチですので、写真などを使わず、声の抑揚・間の取り方を重視して、気持ちを込めて話しましたが、本書では、それができない代替として、関係する写真を入れています。

　前任者の奥野武俊先生は、式辞のときには常に英国で買われたという黒い革製バインダーに原稿を入れておられました。学長を引き継ぐときに「何かプレゼントしようか」と言われたので間髪いれず、「式典で使われているバインダーを頂けませんか」とお願いし、宝物として愛用しました。そのバインダーは私が退任するときに後任の辰巳砂昌弘先生に引き継いでいただきました。

　なお、もととなっている式辞をまとめるにあたり、山東功先生はじめ多くの先生に読んでいただき有益な指摘をいただきました。また、白井早苗さんには、字句の確認、調整などで助けていただきました。関係した皆様に深く感謝しています。

2019年5月　兵庫県伊丹市にて　　　　　　　　　　　辻　　洋

１．システムの研究開発教育に40年

　高校生時代に数学の教師になりたく、大学で数理工学専攻をめざしたが、1972年、いざ入学してみると、能力や意識の高い同級生が多数いることを知り、進路を変えた。先輩から、
　　「資源の少ない日本では知的産業に頼る時代になる。コンピュータのハードウェア性能がどんどん上がるが、相対的にソフトウェアが重要になる」
と聞いて、卒業したらシステム・エンジニアになろうと思った。
　恩師の薦めもあり、1978年に㈱日立製作所に入社した。配属は川崎市にあるシステム開発研究所だった。当時の研究員は大半が20歳代と30歳代で、「システムとは何か」ということを頻繁に議論していた。学生時代に、システムとは、
　　（1）目的を持っている
　　（2）いくつかの構成要素からなる
　　（3）それらの構成要素が相互作用している
という三つの条件を満たす総称だと学んだ。アポロ計画で、ケネディ大統領が「月に行って、石を地球に持ち帰ろう」というのは、目的が明確で、それを実現するための手段が多数必要で、それらが相互に関係するので、システム科学の起点といわれている。
　米国カーネギーメロン大学教授で、ノーベル経済学賞を受賞したH. Simon教授の著作「The Sciences of the Artificial」は日本語訳では「システムの科学」となっている。彼は、経済学、心理学、情報学の三分野の大家で、受賞時には「意思決定の科学」という著書も出版している。

自然界の多様性とか共生について、「システム」と呼ぶこともあるが、私は、経済・社会・流通など「人工物」一般がシステムだと思っている。この本はなかなか難解であるが、経験を積んで読み直  すとその都度新たな発見や理解につながるので常に手元においている。

　システム開発研究所では、研究の80%が事業に直接関係するものであり、銀行システム、自治体システム、新聞社システムなどコンピュータを応用したシステムを研究・開発する機会を得た。その都度、システムの目的を定義し、構成要素を設計したことは懐かしい思い出だ。入社当時の三浦武雄所長が好んでいた漢語「体用不二」から、ハードウェアとソフトウェアは不可分ということを初めて意識した。

　1990年ごろから、日本中でシステム・エンジニアが大量に不足し始め、研究所で自分の研究・開発するだけでなく、入社した新人や中堅エンジニアに教育する機会を得た。また、休日や深夜・早朝を利用して、研究成果を堂下修司先生のもとで学位論文にまとめた。タイトルは「知識ベースビューに基づくエキスパートシステム構築技法の研究」で、同じ知識ベースを違う視点で見ることを原点として論を展開した。

　2002年に大阪府立大学に転じて、経営工学科の教授となった。経営工学とは、ひと・もの（材料や装置）・かねに加え、情報・エネルギーを総合したシステムの設計・改善・確立に関する学問であり、民間企業の研究員時代の実務経験を学術的に見直す機会となるとともに、若い人に実

務経験をもとにした教育をする機会となった。

　大学の学士課程改革の一環として、「俯瞰的な力を持つ学生を育てたい」「文理融合の教育をしたい」「一つの専門を深く学ぶT型人間ではなく、二つの分野を学ぶπ型人間を育成したい」「開発・成長時代の学問ではなく、成熟・持続時代の学問を確立したい」などの議論をもとに現代システム科学域の初代学域長として多くの教員とともに教育組織を設計し、2012年から学生を募集（定員300名）した。

　この学域には、情報を中心に学ぶ学生、環境を中心に学ぶ学生、経済・経営を中心に学ぶ学生を募集し、卒業までに自分の専攻以外も学ばないと卒業できない。SDGs（Sustainable Development Goals）として最近注目を浴びている「持続性」についての講義を多数配置している。

　一方、大学院の課程改革の一環として、「ことづくり」の発想から深い物質科学の素養を活かすことができ、階層融合的な研究戦略を想起できる「システム発想型」物質科学リーダーを養成するプログラムがある。大阪府立大学と大阪市立大学の物質系の研究者中心に発案されたが、私は、最初のプログラム責任者として、システム側の教育をできる海外の研究者を招へいすることに努めた。すでに多くの、

　（1）未来社会に対するビジョンを持ち、それを実現するためのシステムの考え方から発想できる「物質研究者」
　（2）物質科学の素養に基づいて新しいシステムを構築できる「システム研究者」

を産業界に輩出している。

　その後、奥野武俊前理事長・学長から任命され、2013年に理事・副学長（教育研究担当）になり、2015年には理事長・学長に選考された。少子高齢化、国際的な競争の激化、東京圏への一極集中などを背景に多く

の懸案事項があった。しかし、関係者の支援を受け、休日勤務・長時間勤務などの働き方を改善、ピーク時に比べ入学試験志願者数が2000名減少していたのが回復、教員業績評価の結果活用案を策定できた。

　今振り返れば、民間研究者・大学教員・大学経営者という三つの立場でシステムの研究・開発・教育に40年間携わったことになる。本書はこの経験から得た思考法・行動法をまとめたものであるが、少しでも読者の人生の参考になればと願っている。

2．股のぞきから新しい発想を

民間企業の研究員時代、三巻達夫主管研究長に、
 （1）目先にとらわれないで、できるだけ長い目で観察する
 （2）一面にとらわれないで、できるだけ多面的に、できるならば、全面的に考察する
 （3）枝葉末節にとらわれないで、できるだけ根本的に考察する
ようにと言われた。さらに、自分でものを考えること、また、そう決心し、努力することを何度も指導された。この考え方は、東洋思想に源流があるらしい。

当時は「なるほど」と思っていて後輩にもこの教えを伝え続けていたが、初めて日本三景の一つである天橋立に行き、股のぞきをしたときに、この三つに加え、ものごとをさかさまにして考えてみることも発想として大切だと気づいた。股のぞきをすると、それまで空に見えていたものが海に見え、海に見えていたものが空に見え、さらには半島が空に伸び

システム的発想で教育・研究を
♠ 長期的視点
♠ 多面的視点
♠ 根本的視点

る橋に見える。これを問題解決時に積極的に取り入れることがシステム思考を強化すると思った。

学長になってすぐの入学式の式辞で、初めてこのことを取り入れたが、以後、国際講演の挨拶や海外の若手が来たときに天橋立の写真を紹介している。

天橋立については二つの後日談がある。
（1）独創的でユーモラスな研究に贈られる2016年の「イグ・ノーベル賞」で、「股のぞき効果」の視覚変化を研究した立命館大学の東山篤規教授と大阪大学の足立浩平教授が「知覚賞」を受賞した。東山教授は以前、大阪府立大学にも在職されていた。
（2）天橋立にある智恩寺・文殊堂は、本学の東健司名誉教授の親戚筋の方が代々住職をされていて、境内を案内していただいたり、文化財を見せていただいたりした。

天橋立と夢を結びつけて2015年4月の入学式の式辞を述べた。「夢と目標と計画」の中で言及した「渋沢栄一氏」は2019年に新1万円札の肖像になることが発表された。

【2015年度入学式式辞】

● はじめに

新たに入学試験を合格されてここ大阪国際会議場におられる皆様、またご家族の皆様、ようこそ大阪府立大学へ。学士課程に入学された方1409名、編入で学域生になられた方33名、さらに博士前期課程669名、博士後期課程83名、博士課程11名の方をお迎えすることができました。

ご来賓の方を迎え、このように盛大な入学式を挙行できることを嬉しく思うとともに、ここに大阪府立大学を代表しまして、皆様を心より歓

迎いたします。

　入学おめでとうございます。

● 夢と目標と計画

　さて、私は、先日、首都大学東京の理事長である川淵三郎氏（日本サッカー協会最高顧問）にお会いしたのですが、川淵氏は「夢があれば強くなる」という言葉を大切にされています。また、人権問題で有名なマーティン・ルーサー・キング・ジュニア牧師は、人種差別の終焉を呼びかける際に「I have a dream（私には夢がある）」という有名な演説をされています。

　皆様は夢をお持ちでしょうか？ 夢に関しては明治維新の精神的指導者であった吉田松陰氏は「夢なき者に成功なし」と言い、理化学研究所の創設者である渋沢栄一氏は「夢なき者に理想なし」と言ったとされています。

　確かに夢を持つことは何かを行動に移すうえで大切なことだと思います。皆様には、夢はありますか？ 夢を持つことは大切ですよね？

　自分自身を振り返ってみると、私は夢を持っていたときもありますし、持てなかったときもあります。学生の皆様の中には語れる夢をお持ちの方もおられると思いますが、その一方で「今は明確には自分の将来の夢

を語れない」という方も多いのではないでしょうか？ 夢が語れなければ若者として不足なのでしょうか？ 私は必ずしもそうは思いません。

夢に関しては、夢八訓という言葉も広く知られています。これは、
- 夢のある人は希望がある
- 希望のある人は目標がある
- 目標のある人は計画がある
- 計画のある人は行動がある
- 行動のある人は実績がある
- 実績のある人は反省がある
- 反省のある人は進歩がある

そして、さらに、
- 進歩のある人は夢がある

つまり、この流れに沿っていくとサイクルになっているのです。今紹介したのは、「夢」からスタートしましたが、私は、このサイクルを実現するには、必ずしも「夢」からスタートしなくてもいいと考えています。

つまり、今現在、仮に自分の夢がなくても、先生や先輩から与えられた計画に対して、自分の考えで行動すれば実績となり、その実績をきちんと反省すれば進歩し、その後に、夢が持てるようになると考えています。ですので、皆様、夢がある人は目標を立てて計画を作ってください。夢を明確に持っていない人は慌てるこ

となく、大学生として、あるいは大学院生として、何らかの行動を起こしてください。そして必ず実績を残し反省をしてください。行動を起こしてもそのままでは、あなた方に進歩はありません。

　大阪府立大学には、皆様の夢をサポートする教職員がたくさんいます。皆様が計画を立てたり、行動を起こしたりすることをサポートする教職員がたくさんいます。大阪府立大学には、「視野を広げるために留学をしたい」と夢をお持ちの皆様を支援するプログラムがあります。「地域課題の解決に取り組みたい」とか「ボランティアをしたい」という「まず行動を起こしたい」という皆様を支援するプログラムやサークルがあります。産業界を牽引するリーダーを育成するプログラムや起業家を育成するプログラムもあります。大学生活を楽しんでほしいと願っています。

● 長期的な思考・多面的な思考・根本的な思考、そして発想の転換

　大学は皆様が学修するためのプログラムを多く用意しているのですが、皆様は、皆様自身の計画あるいは行動というものに対して、どのように取り組めばいいのでしょうか？　私は皆様には、幅広い学びをもとに長期的・多面的・根本的に考察する力をつけてほしいと願っています。これを私の好きな天橋立を用いて話をさせていただきます。

　文殊堂というお寺から大天橋と呼ばれる内海と外海に分けている細長い陸地に入ると、松林のある砂浜があります。この

大天橋では左右に海が見えるのがとても珍しく美しいのですが、私が好きなのはここではありません。

丘に登って、小高い成相山に登ると視界は一変し、麓にいたときはたかだか数百メートル程度しか先が見えなかったのが、天気さえ良ければ何十キロと遠くまで見えます。近くにはなかったものが見え始めるのです。天橋立は、近くだけ見るのではなく、遠くまで見る大切さを教えてくれます。

さらに、山の上で、首を左右に振ると当然ながら正面に見えていたものとは違うものが見えてきます。特に内海と外海で色が違うことに気づきます。内海は緑がかっていて、外海は青が強いのです。風のためか、両者で波の大きさや形が違うということにも気づきます。天橋立は物事を一面的にとらえるのではなく広く、できれば多面的に考察し、複数の事項を比較することの大切さを教えてくれているように感じます。

ふと足元を見ると、特急電車が走っていたりします。「どこから来たのだろうか？」。トラックが大きな荷物を運んでいたりします。「どこへ走って行くのだろうか？」。小舟が漁をしていたりします。「広い海なのに、何故、あんな狭いところに密集するのだろうか？」。天橋立は、壮大な景色の中、我々の生活の根本を考える大切さを教えてくれるように感じます。

そして、天橋立といえば、もう一つ、股のぞきが有名ですね。天

2. 股のぞきから新しい発想を

地逆転します。今まで海だったものが空になり、空だったものが海になります。今まで見えていたものとは違う景観が瞼に躍り込んできます。東洋思想の「長期的に、全面的に、根本的に考える」という教えに加え、「持続可能な社会を構築していくには、時に発想の大転換が大切だ」ということを教えてくれます。

大阪府立大学に入学された皆様は、夢を膨らませていくためにも、目標・計画を持つとともに常に反省と自分の進歩に関心を示し、柔軟に長期的・多面的・根本的な発想と、時には発想の大転換を行ってほしいと願っています。学士課程に入学された皆様には初年次ゼミナールに積極的に取り組んで、学びの転換をしてほしいと願っています。

● おわりに

最後になりますが、本学と大阪市立大学との統合が話題になっており、ご心配をおかけしているかもしれません。大阪市立大学とはすでにさまざまな形で連

携を深め、いい影響をお互いが得ています。今後の動きについては変化があり次第、できるだけ早くお知らせいたします。大学統合の話がどのような形で進んでも、皆様の学びに悪い影響を与えることは決してありませんので安心してください。

13

以上をもちまして、本日から始まる皆様の新しい生活における飛躍を期待して式辞といたします。

3．世界に翔く地域の信頼拠点

　本学は、2005年に旧大阪府立大学、大阪女子大学、大阪府立看護大学の三大学を統合し、法人化した。2009年に将来像を策定したときに、理念として「高度研究型大学――世界に翔く地域の信頼拠点――」を掲げた。

　公立大学としての存在意義を高め、地域に信頼される存在となるためには、地域社会や産業界を牽引する人材が本学から持続的に巣立ち、広く世界に翔く（はばたく）ことでその証（あかし）を立てなければならない。それらを追求するため、日本のみならず世界の研究型大学の変革の起点となり、地域に信頼される知の拠点となるべき基本理念を表す言葉としたのである。ここで「翔く」は正式には「はばたく」と読まないがそれを承知で使うことにしたそうだ。

　さらに、理念を追求するうえで大切にする視点として、「多様」「融合」「国際」を掲げている。文部科学大臣賞を受賞した知的障がい者のためのオープンカレッジや他学に先駆けて制定したSOGI（性的指向と性自認）のガイドラインは、「多様」を大切としている証だ。文理融合した学士課程教育の現代システム科学域や研究室ローテーション・海外インターンシップを課すリーディング大学院プログラムは「融合」を大切としている証だ。

　「国際」については、長期・短期派遣プログラムの充実や経済的支援プログラムを用意している。認定留学制度やグローバルリーダー特待生プログラムも作った。ダブルディグリー制度もフランスや中国の大学と実施している。

　一方で、学長をしていて、学生だけでなく、どれだけの教職員が「理

念」や「大切にする視点」を意識しているのかを疑問に感じることもあった。そこでいろいろな場で「理念」を議論するように努めた。

以下は、私が初めて学位記を授与したときの式辞である。学内で大きな議論を起こしながら、2012年に学域制を導入し、1年後の2013年に理事・副学長に就任して、2015年に学長になって最初の学位記授与がその卒業生だったので感無量だった。

【2015年度学位記授与式式辞】

● はじめに

今年の冬は、前半とても穏やかで、その一方後半は、とても厳しい冷え込みでした。しかし、この数日、ようやく春らしい季節になってきて、各地から「開花した」という桜の便りが聞けるようになり、キャンパスの桜も咲き始めました。

本日ここに、多数のご来賓のご臨席を賜り、学位記授与式を挙行できますことを心から感謝申し上げます。

卒業・修了される皆様、おめでとうございます。大阪府立大学を代表してお祝いの言葉をお贈りします。皆様の成長を願いつつ、ここまで励ましてこられたご家族や指導教員の皆様にも併せてお喜びを申し上げる次第です。

本学が4年前に学士課程を改革して、学域・学類制という教育システムにしたとき、私は現代システム科学域の学域長でした。学域長として、多くの教職員とともに、国への申請手続きやカリキュラムの設計を行い、またいろいろな高等学校や予備校へも入試説明に出向いていたので、本日、改革後に入学した学生の多くが、初の学域卒業生として「世界に翔いてくれる」ことを感慨深く、また本当に嬉しく思っています。

3. 世界に翔く地域の信頼拠点

● 三つの話

さて、本日の式典において、三つのお話をさせていただきたいと思います。一つは、今も言葉として使った「世界に翔いてほしい」、二つ目は「しなやかにしたたかにあってほしい」、三つ目は「母校にこれからも気軽に帰ってきてほしい」ということです。

1. 世界に翔く地域の信頼拠点

本学の理念は、「高度研究型大学―世界に翔く地域の信頼拠点―」です。この理念は、

> 「公立大学としての存在意義を高め、地域に信頼される存在となるためには、地域社会や産業界を牽引する人材が本学から持続的に巣立ち、広く世界に翔くことでその証を立てなければならない。それらを追求するため、日本のみならず世界の研究型大学の変革の起点となり、地域に信頼される知の拠点となる」

ということを掲げたものです。

皆様が学んだ大阪府立大学は、地名的にも「翔く」というにふさわしい場所にあります。メイン・キャンパスである中百舌鳥キャンパスは、南海高野線の「中百舌鳥」と「白鷺」という鳥の名称がついた駅の近くに

17

あります。羽曳野キャンパスがある「羽曳野」という地名は、日本書紀によると日本武尊（やまとたけるのみこと）が亡くなって白鳥になり古市に飛来し、その後、「羽を曳くように飛び去った」ということからついたそうです。りんくうキャンパスは、まさに「空の玄関口」にあります。そんな大学に入学して、勉学にいそしむうちにたちまち年月が流れ、本日、立派に成長して、この地から飛び立とうとしているのだと思います。

また「世界」というのは、「日本」に対する「海外」ということだけではなく、「学界」に対する「産業界」や「公共機関」のこともあるでしょうし、「理論を取り扱う大学」から「実際の地域課題を扱う実業界」のこともあると思います。そのような「世界」に飛び立つ、本日卒業される皆様や、また留学生や大学院に新たに進学される方には「大学、いや日

本の外に出向いて仕事や研究発表をしてほしい」と願っています。

　中には自分の未来の大きな夢を持っていて「すぐには翔かない」、また、まだ未来の自分のイメージを持てずに「大きくは翔けない」という方がおられるかもしれませんが、「すぐではなくてもいい、小さな一歩でもいい、大阪府立大学で学んだことをもとに計画を立てて、翔く志を持っていてほしい」こういう幅のあるメッセージだと受け取っていただきたいと思います。

　皆様はヒナが巣立ちをするときの動画をテレビ番組で見られたことがあるでしょうか。何かおどおどしていて、飛び立つことをためらっているようなシーンを記憶していませんか。しかし、思い切って巣から飛び出した途端に見事に羽を広げて飛んでいく。私はそのシーンに感動します。そして、今、まさに皆様が世界に翔こうとしていることに感動しています。

2. しなやかにしたたかに

　私が学生時代に、制御理論（揺れ・振動）を専門としていた恩師から「これからの時代は、"しなやかにしたたかに"だ」ということを何度か聞かされました。当時のクラスメイトや研究室の先輩・後輩も不思議とこの言葉はよく覚えていると言います。「しなやかに」とか「したたかに」というのはどういう意味なのでしょう。

　現代社会では誰もが、外部から多くのストレスを受けています。そのストレスのすべてに対して真っ向から立ち向かっていくと、心身を持ちこたえさせることができません。当たり前のことだと思われるかもしれませんが、そこには「めりはり」が必要です。

　知人の中に、すべての課題を短期間に解決しようとして働き続けた結果、どうにも立ち行かなくなり、体調を崩されるというケースがありま

した。もし、皆様が体調を崩すと、それは皆様だけでなく、周りにもマイナスの影響を与えてしまいます。

それではどうすればいいのでしょうか。

私はいくつかのストレスはあえて受け流すという姿勢が大切だと思います。川辺の柳を思い浮かべてください。強い風が吹いてきてもそして吹き続けても柔らかい幹や枝が撓んで（たわんで）それをかわしていますよね。私はその動きが「しなやかさ」だと思います。そのように私は学びました。

「撓む」一方で、押さえておくべきことを持つことも大切です。「したたかに」というと少しあくどい印象があるかもしれませんが、制御理論でいう頑健性（Robustness）というもので、私は、人生でストレスにさらされ、そのことにより多少揺れても「したたかさを持って、押さえておくべきところを押さえていれば、いずれ落ち着くべきところに安定する」と考えています。

「しなやかにしたたかに」あってほしいのは人間だけではないと思っています。皆様が社会に出て担当する製品やサービスなども、「万一、部分的に不具合があっても全体としては問題がない」「仮にある部分に障害が起こっても全体としては問題がない」そういう仕事をしていただきたいと願っています。

3、母校は「母港」でもある

大学が地域の信頼拠点であるには、組織として長く続く安定感があってこそだといわれています。大阪市立大学との統合の話があって、皆様には「母校がなくなってしまうのではないか」とご心配をおかけしていますが、たとえ、仮に名称が変わることがあったとしても、教育カリキュ

ラムが変わることがあっても、大阪府立大学はいつまでも皆様の母校です。校友会という全学同窓会組織があり、大学と一緒になって活発に活動していただいています。そしてその活動はこれからも続きます。安心するとともに「いつでも」「気楽に」母校に戻ってきてください。

大阪府立大学では、母校を覚えておける／思い出す機能をこれからもっともっと充実していきます。すでにある社会人大学院や生涯学習の講座、アントレプレナー教育のプログラムなどもさらに充実していきますし、卒業生向けメールマガジンの配信やSNS（ソーシャルネットワーキングサービス）による積極的な情報発信にも努めていきます。どうか母校の動きにもこれまで以上に関心を持ち続けてください。

私たちは皆様が困ったときに帰ってこられる母校でありたいと思います。また、大学が困っているときに助けに来てくれる皆様であってほしいと願っています。

ここ堺市は、南蛮貿易の拠点でした。港湾都市です。母校は母なる港の「母港」でもある。ぜひ覚えておいてください。

● まとめ

以上、三つの話をまとめます。

大学から「世界」に翔いて、多くのストレスの中でしなやかにしたたかに働き、機会があれば、いやぜひ機会を作って、大阪府立大学という「母港」に戻ってきて、そしてしばしの休息の後、また世界に翔く。私たちは、そういうサイクルを大学に作っていきたいと思います。

皆様には、大学に戻って「学ぶ」あるいは「立ち寄る」だけではなく、時に講師をお願いするかもしれません。時に地域連携や産学連携のコーディネーター役をお願いするかもしれません。時に国際交流のアドバイ

ザーになっていただくかもしれません。大阪府立大学が世界に翔く地域の信頼拠点になるために。

　以上をもちまして、お祝いだけでなく最後はお願いまでしてしまいましたが、本日から始まる皆様の新しい生活における飛躍を期待して、式辞といたします。

4．お月様を見たら夢を

　私は、2010年以来カンボジアとの交流に力を入れてきた。広島生まれで被爆二世の私は両親から「ひとたび戦争が起これば、悲惨なことになる」と何度も聞かされて育った。内戦で荒れていたカンボジアの公正な選挙を援助するためとはいえ、1992年、日本が初めて文民警察官をPKO（Peacekeeping Operations）として派遣したときには、反戦と平和の境目でとても複雑な気持ちだった。

　活動中に、文民警察官の高田晴行さんだけでなく中田厚仁さんという国連選挙監視ボランティアまでもが銃弾に倒れたときはとてもショックを受けた。当時の文民警察の隊長は私と同い年で、「部下を失ったが平和を守る」という決意を示した。当時、「将来、私も内戦で荒れたカンボジアに教育・研究で貢献できたら」とぼんやりと思ったことをずっと忘れられずにいた。

　2010年、その機会が来た。当時の奥野武俊学長から「王立プノンペン大学（Royal University of Phnom Penh、以下RUPPと記載）がIT関係で協力を求めているので行ってくれないか」と言われたのだ。早速出

かけて要望を聞くと、RUPP側からは「IT関係の国際会議をカンボジアで開催してみたい」と要望された。つまり、私個人として共同研究をするとか、現地で講義をするのではなく、府大の関係教員が総出で、RUPPと一緒に企画することを求められたのだ。もちろん、即座に快諾した。

RUPPの教員は、20歳代後半から30歳代前半で、研究に関しては未熟で、論文の募集、査読、結果通知、予稿集の作成、レセプションやバンケットの手配なども未経験。しかし、誰もがとても真剣で一緒に準備するのが楽しくて仕方ない様子だった。バンケットはボートを貸し切りでメコン川の上で行った。2011年にプノンペン、2012年にシェムリアップで成功裏に2回の国際会議を開催することができた。

その後は、我々が出向くだけではなく、少しでも多くの若いカンボジア人を府大に招へいすることに努めた。日本学生支援機構や科学技術振興機構のプログラムに応募して、これまでに50名を超える方を招へいしている。府大生が、招へいした彼らと交流すると、彼らのハングリー精神に大いに刺激を受け、自らも留学しようと思うケースが頻出した。これは私にとってとても嬉しいことだった。

2017年12月には、国際会議を再度プノンペンで開催するとともに、共同アントレプレナー教育のキックオフシンポジウムを開催した。府大か

らは、教員や大学院生だけでなく、職員、学域生さらには高専生も出席した。学会共同企画、短期交換留学に加え、共同教育プログラムが実現できるようになった。

25年前にぼんやりと思ったことが、府大に勤務したことで多くの同僚や学生と実現でき、府大の歴史の一つとして刻めたような自己満足に浸っている。

2016年3月にも訪問していて、そのときに見た流れ星から式辞を発想した。富士山、三人のピッチャーも私が十八番にしているネタで、カーナビゲーションの話は式辞などで何度も使っている。

【2016年度入学式式辞】

● はじめに

入学試験に合格されてここ大阪国際会議場におられる皆様、またご家族の皆様、ようこそ大阪府立大学へ。

新井純大阪府副知事、今井豊大阪府議会議長をはじめ、多くのご来賓をお迎えし、このように盛大な入学式を挙行できることを嬉しく思うとともに、ここに大阪府立大学を代表しまして、皆様を心より歓迎いたします。

「入学おめでとうございます」。

この式辞において、四つのお話をしたいと思います。一つ目は流れ星、二つ目は富士山、三つ目は野球のピッチャー、四つ目はカーナビゲーションなどで使われている経路探索についてです。それぞれバラバラの話に聞こえるかもしれませんが、最後には、それらをつなぎます。

● 流れ星

4週間ほど前にカンボジアの王立プノンペン大学を訪問する機会があ

りました。本学は、カンボジアだけでなく、タイ、ベトナムなど東南アジア諸国の大学と活発に交流しています。これらの国とは、国際会議を共同で開催したり、学生の相互交換を継続的に行ったりしています。その中で、カンボジアは内乱が長く続き多くの不幸なことがあったのですが、最近の政情は安定していて、日本からもいろいろな貢献がなされています。

さて、プノンペンで宿泊しているホテルにバルコニーがあり、タイから来られている先生と一緒に星空の下でビールを飲みながら話をしていました。すると流れ星が見えたのです。ほんの一瞬ですが、とてもきれいなものでした。

私は、すかさず願い事をしました。「流れ星が見えているときに願い事をすると叶う」と子供のころから聞いていたからです。願い事……夢ですよね。そのとき、「どうしてこのようにいわれているのだろう」という話になったのですが、一緒にいた先生の解説は次のようなものでした。

「流れ星は突然見える。それもごく短い時間だ。いつも自分の夢を考えていれば、すかさずそれを言える。一方、夢を考えていない人は言えない。夢を常に考えている人は、それを実現するための計画を持っていて行動もしているから「流れ星が見えているときに願い事をすると叶う」のではないだろうか」。

この話を皆様はどう思いますか。私は「なるほど」と思いました。皆様は夢をお持ちですか。将来のありたい姿をお持ちですか。今、この場で流れ星が見えたらそれを言えますか。

4. お月様を見たら夢を

　一つ提案をしたいと思います。流れ星を見る機会は少ないですよね。これを「お月様」に代えてみませんか。ここにいる大阪府立大学の入学生は「お月様を見たときに願い事をする」。つまり、いつも自分の将来のありたい姿を考えていて、それを言えるように日ごろから練習しておきませんか。

　小さな夢でもいいと思います。すぐに実現できる夢でもいいと思います。具体的な夢でも抽象的な夢でもいい。「今日、現時点ではまだ、できていない」けど、「いずれ、こうありたい」ということを常に心に持つようにしませんか。そして、流れ星のようなチャンスが到来したときには、それを見逃すことなくつかみ取りませんか。もちろん、「こうありたい」というのは皆様が成長するとともに、より大きくしたり、より長期的なものにしたり、より具体的にしてほしいと願っています。

　今晩から始めませんか。「月を見たときには、すかさず夢を語る」。

● 富士山

　私はよく仕事で上京することがあります。朝10時ごろから都内や横浜で会議があることも少なくはなく、そのようなときには、朝6時前に起床し、7時ごろの新大阪駅発の「のぞみ号」に乗ります。疲れているためなのか、朝早く起床したためなのか、少

し乗っていると、ぐっすりと眠ってしまいます。ところが、1時間半ぐらい経ったときに「カシャ、カシャ」という音がして、目が覚めることがあります。カメラのシャッター音です。

「何ごとだろう」と思ってみると、窓の外には、世界遺産に登録された富士山が見えます。老人も子供も男性も女性も車イスの方も海外からみえたと思われる旅行者も皆、富士山の美しさにみとれたり写真を撮ったりしています。

なぜ富士山は美しく高いのでしょうか。頂上に雪があると帽子をかぶっているようにきれいですし、傘雲がかかっていてもきれいですよね。もちろん、飛行機の窓から見る富士山もきれいです。

ある人が富士山の高い理由、美しい理由について、「それはすそ野が広いからだ」と言われました。目をつぶって富士山のすそ野の広さを思い浮かべていただけませんか。

話を皆様の将来の専門知識のことに変えてみます。大学では専門知識を学ぶために最先端の研究に参加します。そのとき、高い専門知識を身につけるために「ある専門分野のあるテーマに集中して学修するのがいい」と、ともすれば考えがちです。そのため、入学してなるべく早く専門教育を受講し、それらを一生懸命勉強する一方で、教養教育を軽く考えてしまう人もいます。

しかし、私は「専門知識だけの学修に終わるなら、大学でなくても学べるだろう」と思っています。そして、専門教育、特に理系の場合、学んだ知識はそれが実践的であればあるほど、すぐに陳腐化してしまうと確信しています。

一方、教養教育で学ぶ知識は普遍的なものばかりです。「教養教育で学ぶことは職業として何に使えるのだ」と聞かれると説明しにくいかもし

4. お月様を見たら夢を

れませんが、教養がないと、交流できる人の数も減り、人との会話の幅も狭まります。その結果、皆様が幅広い学びをしておかないと、富士山のように高く美しく成長することが困難になるのは間違いありません。

私たちは、ここにいる皆様が立派に成長して、より高度な研究をしたり、高度な学びをしたりするためには、富士山のように広いすそ野が必要だと考えています。大阪府立大学では、多くの教養教育だけではなく、主な専攻に対する副専攻というプログラムも用意して、皆様の知識のすそ野を広げ、皆様がより高くなることを支援しています。

「副専攻」。一つのキーワードです。ガイダンスですでに聞いたと思います。副専攻を学んでみませんか。

● ピッチャー

かなり昔の話ですが、優勝したある野球チームに三人のピッチャーがいました。彼らは、多くの場面では相手打線を抑えていたのですが、時に「この試合を負けてはいけない」という大切な試合で打ち込まれることがありました。

打ち込まれたとき、コーチはどうするのか。コーチの言った話が面白かったのです。一人のピッチャーの場合には、優しく慰める。「今日は運がなかったね。次回頑張ろう」というのでしょう。一人のピッチャーには、厳しく怒る。「そんなところにそんなボールを投げたら打たれるのは当たり前だ。何をしている

のだ」とでも言うのでしょうか。そしてもう一人の場合には、何も言わず、そーっとしておく。コーチには、きっとその選手が自分自身で反省できるという確信があったのだと思います。

　この話から何を学びましょうか。私は「人には多様な個性がある」ということだと思います。失敗したときに、慰められて力を発揮できるか、しかられて力を発揮できるか、そっとされていれば力を発揮できるのか、人それぞれです。ですので、「友達が……するから私も……」というのではなく、「自分」で考えるようにしてください。私たち教員も皆様を見ています。

　皆様は、人生においてどんなコーチを持たれるでしょうね。いいコーチとの出会いが大切だと思います。コーチのアドバイスに耳を傾け、自分の強み・弱みを理解して、強みを伸ばし、弱みを克服することができるようになってください。

　この話には後日談があります。三人のピッチャーは「先発」で投げることを夢にしていたそうです。そのため、二人のピッチャーは、チームの事情で「救援」になることを求められたときに、「引き受けられない」と断りました。残りの一人は「コーチだけでなくファンなど周りに期待されることをしよう」と考え、立場を変えたそうです。「自分のやりたいことに固執するか、周りから期待されることを引き受けるか」。皆様にもこういう選

4. お月様を見たら夢を

択を求められるときがいずれ来ると思います。

● カーナビゲーション

　さて、皆様は鉄道やバスの最適な乗り継ぎルートを検索するサービスやカーナビゲーションをご存知ですよね。最も安い値段で出発地から目的地に行く乗り換え方法を探したり、最短の時間で出発地から目的地に行くためのルートを探したりするもので、頻繁に使われているのではないでしょうか。皆様は、このような探索問題をどのように解くかご存知ですか。

　これは、「最適経路探索問題」と呼ばれる有名な問題で、1950年代に研究が進みました。1970年代、私が学生時代には、その解き方の数学的な美しさにほれぼれとしたものです。多数の道や分岐点があってもこの理論でコンピュータを用いれば瞬時にして解けるのです。学生であった私にも、そのような経路探索という"問題"があるということがわかりましたし、また、答えを見つける方法も理解できました。

　しかし、その当時は、毎日、何百万人、何千万人の方がこの解法を日常生活で使うとは夢にも思いませんでした。実は、1980年代に、ある研究者が都内でこのルート検索サービスを評価しようとして山手線の駅に計算機を設置して社会実験したのですが、誰も使おうとしなかったそうです。その理由は、わざわざ駅に出向いてまで使う必要性がなかったからでしょうし、当時は、スマートフォンとかタブレット端末がなかったので、手軽に利用できなかったからでしょう。

　私はこの最適経路探索からいくつかのことを学びました。

　一つは今言いましたように、当初には「とても役に立つとは思えなかった研究成果」や「利用が現実的でないと思い込んでいた技術」が、時を経て、環境の変化（例えば、誰もが購入できるスマホの登場）や、条件

31

の成立（例えば、最新の道路情報や時刻表が電子的に安価に手に入る）などが起こった途端に爆発的に利用され、多くの人に役に立って喜ばれるということです。「実生活では役に立たない」と思い込んでいた研究が、あるとき急に役に立つのです。多くの人に恩恵を与えるのです。

「基礎的なことを幅広く学んでおくことはとても大切だ」というふうに思いませんか。先ほどの富士山の話と通じるところがありますよね。

もう一つ学んだことは、この目標に向かってルートを探すことが、ある意味、キャリア（人生）の作り方を示唆してくれるということです。現在地と目的地があれば、経路はいろいろある。最短時間で到達するか、安い値段で到達するか、乗り換え数を少なくするか、など評価の軸によって異なる。

この問題を教えてくれた先生は、人生を経路探索になぞらえて「目標点が正確に決まっていなくても慌てることはない。大体の方向をとりあえずの目標として進んでいけばいい。進んでいって、そこで目標がより明確になったら、そのときにいる場所を新たな出発点として、その明確になった目標に向かっていく。周りの期待で目標を与えられることもある。仮に目標点が大きく変わってもそこからの最適経路は必ずある」と言われていました。

キツネにつままれたような話に思われるかもしれませんが、私は感動

に近いものを感じました。皆様も、経路探索を行う都度、現在の自分、なりたい自分、そして、どういうキャリアパスを辿るかなど、人生としてなぞらえてみませんか。

● まとめ

　流れ星、富士山、ピッチャー、カーナビゲーションというバラバラの四つの話をまとめます。

　今、皆様がおられる"ここ"が出発点で、皆様はどういう目標あるいは目的地を持っているでしょうか。ある資格を取りたいとか、尊敬する人のような仕事をする人になりたいとか、はっきり目標、目的地を持っていれば、流れ星、いや、お月様に言いましょう。目標を達成するためには、先生や先輩のアドバイスを聞いたり、論文や本を勉強したりして、自分のすそ野を富士山のように広げてください。ピッチャーがコーチの指導を受けたり、あるいは自分でトレーニングしたりするように。

もし、目標が明確でなければ、コーチともいうべき大阪府立大学の先生方のアドバイスに従って一歩、二歩と進んでください。きっと皆様が気づいていない道を教えてくれると思います。そして、いずれ皆様の人生の目標が見えてきて、そこに向けた最適経路が見つかる場面に出くわすでしょう。慌てることなく地道にコツコツです。図書館に行ったり、博物館・美術館に行ったり、音楽を聴くこともきっと皆様の教養を広げます。

　大阪府立大学には、皆様が目標に向かって近づいていくために、実力（知力）を身につけるような教育カリキュラムを用意しています。その一つの特徴が副専攻です。副専攻修了者には修了証が出ます。

　そして、あるとき、これは卒業して何年か経ってからかもしれませんが、夢を追うだけでなく、周囲から期待されることがわかってくると思います。「何になりたいかではなく、誰に必要とされているか」を考えるときが必ず来ると思います。三番目の話で触れたピッチャーがリリーフになることを求められたように。

　皆様が楽しく、また、充実した学生生活を送ることを心から期待しています。

　以上をもちまして、本日から始まる皆様の新しい生活における飛躍を期待して式辞といたします。

5. シリコンバレーの匂い

　シリコンバレーは米国南西部カリフォルニア州にある。スタンフォード大学を中心にHewlett-Packard、Xerox社など多くの先端企業が集積しており、ベンチャー企業が多数あることで有名だ。

　1995年から数年間、米国のシリコンバレーにある日立製作所の関連会社、そしてその会社からスピンオフしたNetRatingsというベンチャー企業と共同研究をしていた。1回1週間、年に6回のペースでパロアルト付近に出張しており、スタンフォード大学やカリフォルニア大学バークレー校にも訪問した。

　NetRatingsの基盤技術は、日立アメリカがプロダクトとして開発したインターネット関連技術であるが、事業として成立しなかったため開発中止方針が出された。しかし、当時のメンバーがインターネットの視聴率調査サービス（テレビの視聴率調査のアナロジーで、モニター登録をお願いしその方々のアクセスログを提供してもらい、統計分析結果を販売するビジネス）としてなら事業として成立すると主張し、最後には独立したのだ。私は、当時、とてもサービスビジネスとして成立するとも思えなかったが、実際はその後、Nielsenという大手がその技術に注目し、今では世界中に関連会社を持っている。

この企業を立ち上げた友人は、当地にプール付きの家を建て、若くして隠居した。彼も私も当時40歳代半ばだっただろう。私は、その後、65歳を越えても働いていて、大学のプールの老朽化に水泳部のOBからよく対策を求められた。

シリコンバレーで貴重な経験をしてから20年後、大阪府立大学でもFledge（鳥が巣立ちするという意味があり、大学理念に含まれる用語「翔く」にふさわしい名称だ）と呼ぶ、起業家育成プログラムを開始した。この年の式辞は、このプログラムに参加した学生の発表に刺激を受け、発想したものだ。式では、手話サークル亜飛夢（アトム）のメンバーが私の式辞を逐次通訳してくれている。

【2016年度学位記授与式式辞】

● はじめに

　ここ数日、気温が上がり、春がやって来ました。万葉集に、
　「青丹（あおに）よし　寧楽（なら）の都は　咲く花の　匂ふが如く　今盛りなり」
とありますが、古来「にほひ」には"美しさが生える""色美しく輝いている""魅力や気品がある"といった意味から、いわゆる嗅覚の「匂う」に意味が変わっていったそうです。花の匂いを感じる季節に、多数のご

5. シリコンバレーの匂い

来賓のご臨席を賜り、学位記授与式を挙行できますことを心から嬉しく思います。

卒業・修了される皆様、おめでとうございます。大阪府立大学を代表してお祝いの言葉をお贈りします。皆様の成長を願いつつ、ここまで励ましてこられたご家族や指導教員の皆様にも併せてお喜びを申し上げます。

さて、本日の式典において、三つのお話をしたいと思います。一つ目は大学という場の「匂い」について、二つ目は影響を受けることと影響を及ぼすことについて、そして最後の三つ目は世界に翔く地域の信頼拠点ということです。

● 場所に匂いはあるだろうか

昨年の12月にグランフロント大阪で「次のイノベーションを担う人材を育てる」と題したシンポジウムを行いました。シリコンバレーに派遣した学生が「行って良かった。テレビで見たり、本を読んだりしただけではわからないことがあった。シリコンバレーには、一種独特の匂いがあるんです」という報告をしました。

シリコンバレーは米国西海岸にあり、ベンチャー企業が多数生まれたエリアの通称ですが、場所に「匂い」があると思いますか？　ど

うなんでしょう。

　私は、何度かシリコンバレーに行ったことがあり、彼の「匂いがあるんです」という表現に深く共感を覚えました。それと同時に「大阪府立大学には匂いはあるのだろうか」「ここで学んだ学生たちは、その匂いを身につけるのだろうか」と考えるようになりました。言い方を変えると「大阪府立大学の魅力とか学生の気品（きひん）とは、どのようなものなのだろうか」ということかと考えます。

　本学の学生について、こんな声をよく耳にします。何ごとにも「真面目」、他方で少し「不器用」なところがありそうだ。その一方で、すごく「伸びしろ」があるに違いない。何ごとに対しても実践力のある人が多い。困難から逃げない。やり遂げる。大学祭などお祭りが好き。幹事をするのが得意。他にもいろいろありそうです。

　本学では多様性を大切な視点としていて、皆様の匂いを尊重していますが、多様な匂いに「府大の匂い」が加わったのではありませんか。キャンパスの中で行われている教育・研究・課外活動にもそういう「府大らしさ」があると思います。あなた方が本学におられる間に、大学もあなた方の力で「府大らしさ」が少し変わったかもしれませんね。

　私は大阪府立大学にも卒業生にも「花の匂い」のように美しい魅力があってほしいと思いますし、学生、教職員の方と一緒に少しずつ大学を変えながらも「府大の匂い」を大切にしていきたいと思います。

● Influencer と Influencee

　私のアメリカ人の友人は、彼のホームページに自分の Influencer と Influencee が誰であるかを書いています。これら二つの単語は「影響を与える」という Influence から派生した語です。自分の考え方を誰によっ

5. シリコンバレーの匂い

てポジティブに変えたかと、逆に自分が誰の考え方をポジティブに変えたかを広く公開しています。私は、彼が常にそれを気にしているので驚いた覚えがあります。

私に「問い」があります。「あなた方は在学中にInfluencerはいましたか？ 研究室やゼミの先生ですか。クラブの先輩ですか。同級生ですか。海外から来た留学生ですか。本あるいは、音楽・映画といった人物以外のものですか。アルバイトですか。その人からどういう影響を受けましたか。技術ですか。思考方法ですか。それとも人生観ですか」。

マインドセットあるいはモチベーションかもしれませんね。影響を受けた人（Influencer）のようになりたいとは思いませんか？

逆に、「あなたが影響を与えたInfluenceeはいると思いますか？」。ここにおられる皆様は、きっと研究室やクラブの後輩に影響を与えたでしょうね。地域の住民に影響を与えた方もおられるかもしれませんね。別の方は、大学の教育や研究に影響を与えたかもしれませんね。

あなたが受けた影響を振り返ってみると、それはあなたが別の誰かに与えた影響とよく似ていませんか？ それが大阪府立大学の「魅力である気品」だったのではありませんか。あなた方が気づいているか気づいていないかに関係なく、ここにおられる全員の方が、大学にいる間にInfluencerから得たものをInfluenceeに与えているのではないかと私は

思います。この修了・卒業という機会に考えてみてください。

● 世界に翔く地域の信頼拠点

　本学は、地名的にも「翔く」というにふさわしい場所にあります。メイン・キャンパスは、南海高野線の「中百舌鳥」と「白鷺」という鳥の名称がついた駅の近くにあります。羽曳野という地名は、日本書紀によると日本武尊が亡くなって白鳥として古市に飛来し、その後、羽を曳くように飛び去ったということからつけられたそうです。りんくうキャンパスは、まさに「空の玄関口」にあります。これらのキャンパスには「府大の匂い」があります。皆様は、本日、大阪府立大学の匂いとともに世界に翔こうとしていると言えるかもしれません。

　一方、大学が地域の信頼拠点であるには、組織として長く続く継続性が必要です。大阪市立大学との統合の話があって、皆様には「母校がなくなってしまうのではないか」とご心配をおかけしていますが、たとえ、仮に名称が変わることがあったとしても、教育カリキュラムが変わることがあっても、大阪府立大学はいつまでもあなた方の母なる港「母港」です。校友会という全学同窓会組織があり、大学と一緒になって活発に活動しています。このことについては、安心するとともにいつでも帰って寛ぎ、新たな力を身につける場所として、母校に戻って来てください。

　本学では、誰もが気軽に戻ってこられるように社会人大学院や生涯学習の講座、アントレプレナー教育のプログラムなどを用意しています。メールマガジンやSNSによる積極的な情報発信にも努めています。どうか母校の動きにもこれまで以上に関心を持ち続けてください。

5. シリコンバレーの匂い

● まとめ

　ここにおられる皆様は、ここ大阪府立大学で学んで、気づいていないかもしれませんが、きっと本学の匂いがついています。この「らしさ」を強みに自信を持って世界に翔いてください。

　一方で、新しい活躍の場で目標とする人物像は誰なのか、自分の存在を誰にどのように影響を与えていくのかを考えてください。すると、その場にも自然に大阪府立大学の匂い（らしさ）も加わっていくのではないかと信じています。

　これからも府大花（さくら）まつりや大学祭などに戻ってきてください。きっと卒業後、時間が経って薄れていた大学の匂いに気づくことができます。本学と皆様の間は、いつまでもお互いがInfluencerでありInfluenceeでありたいと願っています。

皆様には、Influencee として大学に戻って学ぶ、あるいは、立ち寄るだけではなく、時に Influencer として講師をお願いするかもしれません。時に地域連携や産学連携のコーディネーター役をお願いするかもしれません。時に国際交流のアドバイザーになっていただくかもしれません。大阪府立大学が世界に翔く地域の信頼拠点として「匂い（らしさ）」を持ち続けるために。

　お祝いというより問いかけとお願いをしましたが、以上をもちまして、本日から始まる皆様の新しい生活における飛躍を期待して式辞といたします。本日はおめでとうございました。

6．世界地図を描く大切さ

　大学はおおよそ7年に一度、認証評価という公的機関の評価を受けることになっており、2016年度に大学改革支援・学位授与機構の評価を受けた。その結果は、「研究活動」と「地域貢献活動」で「極めて良好」であり、両分野でこの最高の評価を得たのは本学だけである。
　評価理由は、
　　（1）取り組みを部局ごとでなく全学で行っている
　　（2）推進・展開するための枠組みを持っている
ということだった。例えば、本学は、21世紀科学研究センターという枠組みを持っていて、分野を超えた教員がバーチャルの研究所を設立でき

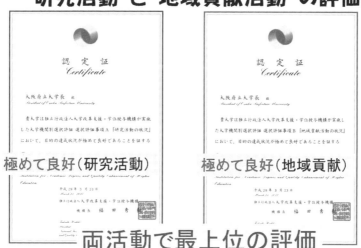

るようにしている。これを3年期限で常に見直し、外部から客員研究員を招へいすることを奨励している。成功すれば、常設の研究所にする。このような取り組みが評価された。

　さて、日立製作所時代、中堅の主任研究員という役職になり、数名の研究員グループのリーダーになったころ、当時の片岡雅憲所長が「研究の世界地図を描け」とよく言われていた。競合他社の市場比較のこともあれば、機能のカバー範囲の比較を求められることもあった。いろいろな視点から比較表としてまとめ全体を鳥瞰しながら自分たちの現在地と進路を議論した。先行している技術と競合している技術と遅れている技術を並べて時間軸で分析することを求められたこともあった。

　2017年度の式辞は、このときの言葉が頭の片隅にずっと残っていたのだろう。タイからの来訪者と訪れた堺市の博物館で、1500年代の地図を見たときに、急に思い出し学生へのメッセージとしてまとめようと思いついた。人間の記憶とか思考というのは面白いものだ。

　職場は堺市にあるにもかかわらず、伊丹市に住んでいること、大半の公共交通が南北の移動に便利になっており、東西の移動には大回りをするか、渋滞の中、バスで移動しなければならぬこと、などで恥ずかしながらあまり、大学の地元のことを知らない。特に、管理職になるまでは、教育研究の時間と通勤の時間を大切にしたかったので、堺市内を歩くこともあまりなかった。

　だから、学長になっていなければ、2017年度の入学式のようなメッセージを発することはなかっただろうし、この話が私の十八番になることもなかっただろう。

6. 世界地図を描く大切さ

【2017年度入学式式辞】

● はじめに

　このところの春の陽気に誘われて、大阪の桜が満開になっています。キャンパスの桜も皆様をお待ちしていたかのように美しく咲いています。入学試験に合格されて、ここ大阪国際会議場におられる皆様、またご家族の皆様、ようこそ大阪府立大学へ。

　多くのご来賓をお迎えし、このように盛大な入学式を挙行できることをとても嬉しく思うとともに、大阪府立大学を代表しまして、皆様を心より歓迎いたします。

　「入学おめでとうございます」。

　この式辞の中で、三つのお話をしたいと思います。一つ目は先日見た古い地図のこと、二つ目は昔私が学んだ経路探索という問題、三つ目は本学の理念「高度研究型大学―世界に翔く地域の信頼拠点―」についてです。それぞれ相互に関連していますので、最後にはそれらをつなぎます。

● 世界図・日本図屏風

　本学のメイン・キャンパスがある堺は、摂津、河内、和泉の国境に位置する町として発展したといわれています。そのため、漢字では国境の「境」と表記されることがある他、地図に書くと左に海があるので「左海」などとも表記されたこともあるそうです。

　堺で生まれた有名人に、千利休と与謝野晶子がいますが、博物館「さかい利晶の杜」に行くと、千利休のおもてなし、与謝野晶子の創作の原点を探ることができます。先日、海外からの来客をそこに案内していたところ、いびつな世界（アジア）地図が掲げられているのを見つけまし

45

た。「千利休と堺のまち：堺の海外交流」と題された地図には、実際より大阪が大きく描かれていました。また、北海道は小さく、朝鮮半島が大きく、太平洋はほとんど描かれてなく、中国の沿岸部は詳しいというものでした。九州と沖縄の間にある島々は大きくて詳しく、東南アジアの島も散りばめて描かれているものでした。

　私は、初め「昔の人は地図を描くのが下手だったのだな」と批判的な感想を持ちましたが、ふと自分が当時に現在のような地図がないときに「地図を描きなさい」と言われたら「どうするのだろう。描けるのだろうか」と当惑を感じました。

　皆様はどう思いますか？　今、ここで「大阪の地図を描いてください」と言われたら描くことができますか？　地図を見ているから描けるかもし

6. 世界地図を描く大切さ

れませんが、助けとなる地図がなかったとして「1年いや10年かけてもいいから描いてください」と言われたらどうしますか？「1千万円いや1億円かけてもいいから描いてください」と言われたら描くことができますか？

例えば皆様のご自宅の周り2キロメートルぐらいなら歩き回って調べることもできますので描けるかもしれませんね。でも先ほどのさかい利晶の杜で見たものは、いびつとはいえそれなりにアジアいや当時の人にとっては世界地図といえるものだったのです。

思考を巡らせているうちに「そもそも何故地図を作ったのだろう」と考え始めました。何故でしょう。皆様はどう思いますか？　何故地図が必要だったのでしょう。

伊能忠敬は地球の大きさを知りたいという動機で測量し、地図を作ったそうです。自分の領土を大きく見せ、ライバルの領土を小さく見せるための地図もあったようです。この場合、大小をデフォルメすることが重要だったと想像できます。敵陣の配置を分析するための地図もあったようです。

もちろん、山登り時に高低差がわかり迷わぬようにする登山図もあれば、船の運行時に座礁しないよう航路を示す海図もあります。海岸を埋

立地にするときには、どこをその候補とすればいいのかを検討するための地図もあるでしょう。レストランや博物館の道案内には目印が大切ですね。

ということは、地図には必ずしも精度を求める必要がなく、目的を先に考えることが大切だということがわかります。

● 最適経路探索問題

さて、皆様は鉄道やバスの最適な乗り継ぎルートを検索するサービスやカーナビゲーションをご存知ですよね。最も安い値段で出発地から目的地に行く乗り換え方法を探したり、最短の時間で出発地から目的地に行くためのルートを探したりすることができますのでいろいろな場面で頻繁に使われています。ところで皆様は、このような探索問題が全地球測位システムGPS（Global Positioning System）や電子地図が使えないずっと昔から研究されていたことをご存知でしたか。

この問題は1950年代に研究が進みました。1970年代、私が学生だったころ、その解き方の数学的な美しさにほれぼれとしたものです。多数の道や分岐点があったとしても、この理論とコンピュータを用いれば瞬時にして解けるのです。学生であった私にもそのような経路探索という"問題"があるということがわかりましたし、また答えを見つける"解法"も理解できました。

しかし、その当時は「この解法を学んで何の役に立つのか」と思っていました。毎日、何百万人、何千万人の方がこの解法を日常生活で使うとは夢にも思わなかったのです。教えてくださった先生も実用化されるとは全く思っておられなかったと思います。

　私はこの最適経路探索から二つのことを学びました。

　一つは、生まれた当初「とても役に立つとは思えなかった研究成果」や「利用が現実的でないと思い込んでいた技術」が、時を経て誰もが購入できるスマートフォンの登場などによる環境の変化や、最新の道路情報や時刻表が電子的に安価で手に入るなどの条件の成立により、途端に爆発的に利用され、多くの人の役に立ち喜びをもたらすことにつながる、ということです。「実生活では役に立たない」と思い込んでいた研究でも、実際の場面で使われて多くの人に恩恵を与えることができるということです。

　さて、もう一つは、この目標に向かってルートを探すというプロセスにキャリア（人生）の作り方を示唆してくれる多くのヒントが隠されているということです。

　当時、こんな議論をしていました。「現在の位置があって、目的地がある。世の中こんなもんだ」「その行き方には、安く行く方法もあれば、早く行く方法もある。例えば、新幹線で行けば早く行けるが、バスなら安く行ける。評価関数があれば、最適化できる。何を評価関数にするかによって答えは違う」というような話もあれば「目的地がはっきりしていなくても大体のところを目的地にして、後で行きたいところがはっきりしてきたら、目的地を指定し直せばいいだけだ」「行こうと思っていた道が工事中で通行止めだったら、別の道で最適なものを見つければいい」という話もありました。自分が進む「道」をたくさん知っていることが

大切ではないでしょうか。

● 高度研究型大学——世界に翔く地域の信頼拠点——

　本学の理念は「高度研究型大学——世界に翔く地域の信頼拠点——」です。「多様」「融合」「国際」を大事な三つの視点としています。この理念を実現するために、教職員が学生、卒業生、そして本日来賓として会長をお招きしている後援会や校友会など本学にお力添えをいただいている多くの方々とともに日夜努力しています。私は「この理念について語ろう。理念実現のために今何をしているかを語ろう」と常に激励するようにしています。

　本学は、地名的にも「翔く」というにふさわしい場所にあります。メイン・キャンパスは、南海高野線の「中百舌鳥」と「白鷺」という鳥の名称がついた駅の近くにあります。羽曳野という地名は、日本書紀によると日本武尊が亡くなって白鳥として古市に飛来し、その後、羽を曳くように飛び去ったということに由来するそうです。りんくうキャンパスは、まさに「空の玄関口」にあります。その関空から、皆様が海外へ、長期であれ短期であれ、一度は留学や海外研修に旅立ってほしい。大学はそのための支援制度をいろいろと用意しています。ぜひ活用し、世界を見てきてください。

　ここで皆様に本学を誇りに思っていただける嬉しいお知らせをしたいと思います。実は昨年度に本学は、大学改革支援・学位授与機構による認証評価を受けました。これは、学校教育法に基づいて7年ごとに受審が義務づけられた大学評価制度です。大学の成績表と言ってもいいかもしれません。その中の「研究」と「地域貢献」という両方の項目で、本学は「極めて良好である」という最高の評価を得たのです。

6. 世界地図を描く大切さ

昨年度にこのような高い評価を受けたのは、全国の大学で本学だけです。過去にも複数の項目で最高の評価を得た大学はほとんどないと思います。世間にはいろいろなラン
キングがありますが、専門家による厳しい目での評価では、どこにも負けない「極めて良好」な大学であることを知っておいてください。

なお本学では、産業界のリーダーとなる博士人材育成をめざすための制度として、大学院生向けにリーディング大学院「システム発想型物質科学リーダー養成学位プログラム」、地域課題解決をめざす人材育成をめざし、学域生向けに副専攻「地域再生」を用意しています。ぜひ受講することを考えてください。

● 翔くための世界地図を描こう

それでは、これまで述べてきた三つの話「地図」「経路探索」「世界に翔く」をつなぎましょう。

皆様は地図を持っていますか？ 自分の将来の方向を探るための地図を持っていますか？ 昔の堺の商人は、貿易のために地図を描いたのではないでしょうか。貿易の戦略を考えるために「あるところは詳しく、あるところは概要」と描いたのではないでしょうか。「次はどこに行って商売をしようか」「将来はどうしよう」と考えるために地図を描いたのではないでしょうか。地図はきっと他の人とも一緒になって作成し、他の人とも共有したと思います。

私は、皆様が大阪府立大学にいる間に「自分の目的のために」教職員

や先輩や友人とつながり、学び、ともに考える中で「自分で地図を描いてほしい」と思っています。いや「地図を描く力を身につけてほしい」と思います。最初は粗っぽくてもいいのです。身近なところだけでもいいのです。継続して地図を描きませんか。皆様がよく知っている道路地図やルート地図ではなくて、自分の活動範囲を描き、自分の翔こうとする方向は詳しく、その周辺は大雑把な、そういう独創的な地図を描いてみませんか。

　それは簡単ではないかもしれません。お話ししている私にも「自分のための地図とは何か」がはっきりとはわかっていませんが、ある目的を持てた人は、気づいているかどうかは別にして人生の地図を持っているような気がします。人それぞれによって描く地図は違っていていいし、違うべきだと思います。

　そして、地図の中で今の自分がいる場所をプロットしましょう。将来、自分がいたい場所もプロットしましょう。そして、その二つの点を結ぶ「翔く」方向に矢印を描きましょう。翔くときにも道は必要です。現在地と目的地の間にはどのような道があるでしょうか。途中経路や分岐点はあるでしょうか。課外活動を含め、これからの学びとともにその地図を何度も何度も描き直しませんか。

　先生や先輩から地図をもらい参考にすることができれば、そうするのがいいかもしれません。友人や後輩に見てもらえる地図が描ければ、見てもらうのもいいかもしれません。道がなければ自ら作り、渡るのが困難な川があれば橋を架け、越えるのが困難な山があれば、トンネルを通すルートを描き加えませんか。あなたが地図を創り歩み出せば、後に来る人の手助けになるのは間違いありません。

6. 世界地図を描く大切さ

● まとめ

　具体的な古い地図や最適経路探索問題から話を始めたのですが、抽象的な話になったので、最後は少しわかりにくかったかもしれません。本日の式辞をまとめようと思います。

　間違いなく皆様が私の年齢になるころには、今では想像もできない世界になっています。人工知能が、車の自動運転をしたり、サッカーのワールドカップでチャンピオンになったりしているかもしれません。今でも日本人の平均寿命は男女とも80歳以上で世界のトップレベルですが、皆様の時代には、平均寿命は90歳あるいは100歳を超え新たな問題に直面しているかもしれません。

　ですので、在学中に一つの専門課程を専攻するだけでなく、副専攻を修了することも考えてください。幅広い教養をしっかり身につけてください。さらに、教えられた知識を学生時代だけに学ぶのではなく、生涯

53

にわたって探求心を持って学び続ける力をつけてください。

　そして、常に自分の現在地と将来ありたいと願う目的地を考えるようにしてください。目的の場所にどういう経路を経て到達するかを考えるようにしてください。地図が必要なときには描いてください。描く力を身につけてください。

　大阪府立大学は、こういう学びをしたい皆様を全力でサポートします。研究でも地域貢献でも専門家の評価で「極めて良好」な大学です。一緒に地図を創りましょう。将来の人がその地図を使えるように。本日の話を思い出しながら、地図やカーナビゲーションシステムを改めて見ることが、皆様の生き方を考える機会になれば望外の喜びです。

　以上をもちまして、本日から始まる皆様の新しい生活における飛躍を期待して式辞といたします。本日はおめでとうございました。

7. 驚く心と経路探索

　民間企業の研究所勤務時代に情報処理の研究をしていて、何度も天地がひっくり返るような驚きを感じた。今となっては以下で言及する技術や機能は当たり前で、何故驚くのかと疑問を感じる人も多いだろう。「驚きを感じる」ということは、感性を養ううえで基本だ。そして、システム思考には感性が必要だと思っている。いくつかを振り返ろう。

（1）マルチウィンドウ

　私の学生時代には、カードをパンチすることで計算機に入力を行っていた。それは一行一行入力してパンチミスをするとカードが無駄になるし、運ぶときに落とすとばらばらになり後の並べ直しが大変だった。その後、ビデオ・データ・ターミナルが登場し、画面上でカーソルを動かしながら、プログラムをフルスクリーンで編集できるようになった。それだけで、「便利になったなぁ」と思っていたころに、Xerox社のマルチウィンドウシステムというものを初めて見た。何だ、これ！　こんな発明をしてみたいと思ったのを覚えている。

（2）マウス

　キーボード操作でカーソルを上下左右に動かすのが当たり前だったころ、最初にマウスを写真で見たときは「何だ、これ」という印象でどう

使うのか想像がつかなかった。実物を見たときも「邪魔になるだけ」と思った。今では、ワイヤレスのものもあり、作業効率を大幅に改善したのは間違いない。

(3) ネットワークニュース

　データベースの検索システムの研究に従事していたころ、「将来、自然言語を理解し、世界中に分散されたデータベースに問い合わすことができればいいのになぁ」と思っていた。データベースはハードディスクに入っている電子データという固定観念を持っていたため、世界中に分散した人間データベースに対して、自然言語で質問するという発想にあいた口が塞がらなかった。今ではSNSなどに発展しているアイデアであることは誰もがご存知のこと。

(4) かな漢字変換

　会社に初めてワープロが入ったとき、選択できる全漢字が大きなプレートに並んでいて、特殊なペンで一字一字ポイントしていくものだった。そのときは、一度だけ使って、「一生ワープロは使わないぞ」と決心したが、その後、かな漢字変換が出て、ワープロなしの生活は考えられなくなっていた。

(5) スプレッドシート

　Excelなどに使われている演算式とデータを一緒に扱ったソフトウェアも私が計算機を使い出したころには影も形もなかった。セルのデータを更新すると自動的に演算が動くデータ駆動型プログラムで、わかってしまえば単純であるが、それになかなか気づかない。

　優れものネタは、身の回りに転がっていると改めて思う。ただ、慣れが自分なりの常識を作ってしまい、驚く心がなくなっているようで心配だ。最近の人工知能の驚異的な発展を見て、式辞では、「驚く心」から

7. 驚く心と経路探索

話を始めた。

【2017年度学位記授与式式辞】
● はじめに
　ここ数日、気温が上がり、暖かい春がやって来ました。キャンパスの桜も皆様の卒業・修了を待っていたかのように一斉に咲き始めています。
　本日、ここに大阪府議会議長大橋一功様はじめ、多数のご来賓の皆様にご臨席を賜り、学位記授与式を挙行できますことを心から感謝申し上げます。
　卒業・修了される皆様、おめでとうございます。「高度研究型大学——世界に翔く地域の信頼拠点——」である大阪府立大学を代表して、お祝いの言葉をお贈りします。皆様の成長を願いつつ、ここまで励ましてこられたご家族や、指導してこられた教員の皆様にも併せてお喜び申し上げます。

さて、本日の式典において三つのお話をします。一つ目は「驚く心を持つこと」、二つ目は「カーナビが暗示すること」、三つ目は「自身のための世界地図を描くこと」です。

● 驚く心
　昨年は将棋の世界で中学生プロ棋士藤井聡太さんの活躍が光り、注目が集まりました。一方で、将棋や碁の世界では、名人に勝つ強い人工知能が登場しています。「シンギュラリティ」といって「近い将来、人工知能の力が人間の力を超えるだろう」と予測され、我々人間の仕事の多くを奪いかねないといわれています。
　このような人工知能の登場を見て、皆様は驚きますか？　驚くことができますか？　以前、私は民間企業の研究所で人工知能の研究に携わっていたのですが、その実用性に限界を感じ、基礎研究のできる大学に転じました。私の先を見る目が乏しかったのかもしれませんが、短期間にここまで技術が進歩するとは夢にも思いませんでした。人が話した言葉を理解する音声認識、動画から人や物体を特定する画像認識、機械翻訳などの技術に携わってきたのですが、基礎を知っているからこそ現在の技術発展の速さに驚いています。
　スマートフォンが普及したことにより、自宅やオフィスではなく屋外でメールをしたり、道に迷ったときにはその場で地図を調べたり、外出先で空いているコインパーキングを探したりできるようになり、これらがごく当たり前の風景になっています。しかし、20年前にはこのようなことが可能になるとは想像もできませんでした。当時、私は「日本には公衆電話がたくさんあるのでそれで十分だ」と信じ込んでいました。さらに60年前、私が小学校に通う前は、自分の家には電話がなく、近所ま

で電話を借りに行っていました。もしも、その時代の人々が現代の技術を目にしたとしたら、さぞかし"驚く"でしょう。

　ところが、過去（言い換えると歴史と言ってもいいかもしれません）を知らなければ「人工知能もスマホも当たり前。日常にあるものだから驚くこともない」。このような反応になるのではないでしょうか。私の子供のころにはテレビも冷蔵庫も自宅にありませんでした。初めて映像を映し出す機械、氷を作ることができる機械を見たときはとても驚きましたが、生まれたときからテレビや冷蔵庫を知っている方々は世の中の進歩に対して驚く心を持ちづらいのではないかと心配しています。今、常識となっていることも、以前は非常識だったのです。つまり、今、非常識なことが、明日には当たり前のことになり得るのです。皆様には、当たり前のことをそのまま流してしまうのではなく、驚く心を持つように、自分の中の驚く心を育てていただきたいと思います。

● 最適経路探索問題

　二つ目に同じく技術の進歩に関する「カーナビ」を題材にした話をします。私は人生を示唆する話として、よくこの話をします。経路探索問題とは、経路と分岐点があるネットワーク上のグラフ（図）において、経路に距離・時間あるいは値段という重みを持たせ、ある出発点から別の目標点への最短あるいは最安の経路を見つけるものです。経路や分岐点などの選択肢の数が少なければ人の手でも調べることができますが、選択肢が増えると最短あるいは最安の経路を見つけることが難しくなります。しかし、ソフトウェア（計算機プログラム）にいろいろな工夫を施すことで、経路や分岐点などの選択肢が多くとも、さまざまなパターンの経路を導き出し、必ずしも最短ではない近似解を容易に見つけるこ

とができます。

　私は学生時代（1970年代）にこの解法を学びました。解法を理解すること自体は難しくなかったのですが、当時は紙の道路地図が大半で、本格的な電子地図はありませんでした。また、自分の位置を確認するGPS（全地球測位システム）も市場に出ていなかったので「こんなことを勉強して何になるのだろうか」と感じていました。調べてみると、1990年にパイオニア株式会社が市販モデルで世界初のGPS式カーナビを販売し、翌年トヨタ自動車株式会社がクラウンに搭載したそうです。当時は精度も低く高価で「贅沢なおもちゃ」と冷やかされていたそうです。

　ところが、今では車を運転するときにカーナビを使うのは当たり前になっています。「贅沢なおもちゃ」が日常必須なものになったこと、それ自体が驚きの一つなのですが、本日はカーナビが皆様の人生にも参考になるのではないかと思い、この話を続けたいと思います。

　さて、大阪府立大学での学生生活を経て、皆様は何ができるようになり、まだ何ができないのでしょうか？　今できることだけで、これからの人生を全うできるわけではありません。明日から、何ができるようになりたいと感じているのでしょうか？　これまでに身につけた能力から、将来持っておきたい能力を得るにはどのような成長経路（キャリアパス）があるのでしょうか？　その成長経路はいくつ見えているでしょうか？　近い将来だけでなく、遠い将来も見えているでしょうか？

　先に私は、カーナビを使うことが人生を示唆していると言いました。まず今ある自分（何ができるのか）を確認してみましょう。これが現在地です。将来（自分がどうありたいかの目的地）が見えていて、そのための経路もわかっていれば、その道を全力で進んでください。将来の夢はあるけれども、どのように進めばいいかがわからなければ、自分で調

7. 驚く心と経路探索

べるだけでなく先輩や同僚などに相談して、分岐道に注意して進んでください。周囲の方と相談すること、相談できる人を探すことも一つの道です。本やインターネットで調べるのもいいでしょう。

今の時点で「遠い展望が持てず、近い未来だけが見えている」だけであっても焦る必要はありません。まずは、今の目標を達成しましょう。それを達成した後、次の目標を設定すればいいのです。あたかも一つの小さな山を登れば次の山が見えてくるように。あたかもカーナビで第一目的地を入力し、そこに到着したら、次の行き先を決めて目的地を入力するように。

● さかい利晶の杜の地図

さて、三つ目は地図の話です。カーナビに地図が不可欠なように、皆様の今後の成長（キャリアパス）にも地図が必要ではないでしょうか？ さかい利晶の杜という堺市の博物館に展示されていた「堺の海外交流」と題したアジア地図を見る機会があり、そのときに感じたことをもとにお話ししたいと思います。

博物館にあった地図は約500年前に描かれた航路図で、日本の形も朝鮮半島の大きさも、現実とはかけ離れたものでした。大阪と東南アジアにある島々がとても大きく、アジア大陸の川もとても太く描かれていました。当時の技術の限界から、このようないびつな地図になったのでしょうか？ 私は当時の人々が「東南アジア諸国と交流したい、貿易を広めたい、海岸沿いだけでなく貿易を増やしたい」と目標を持っていたのだと思います。そして、この目標を安全に達成するために、あのいびつな地図を描いたのではないかと感じました。精度は粗くても、航海で台風などに遭遇したときに一時避難する島々や、海辺から大陸の奥地に市場を

広げるための川の情報が必要だったのでしょう。一人で地図全体を一度に描くことができるわけではないので、同じ目標を持つ人々が協力して時間をかけて描いたのだと思います。

ここでは具体的な地図の話をしましたが、皆様がこれから世界に翔いて成長するときに必要なのは、イメージしにくい抽象的な地図です。自分の周りには何があるのか、進む方向にある障害は何か、その障害を避けるためにはどのような経路があるのかを考えながら工夫して、人生の地図として描き続けてみてはいかがでしょうか。

● おわりに

それでは、三つの話をまとめます。

皆様の周りのご年配の方々にお願いして、古い写真を見せてもらってください。そして、今との違いを考えてください。きっと"驚き"があると思います。その後、未来にその時間軸を反転させて、我々の将来を想像してみてください。どのような驚きが考えられるでしょうか？　自分一人で考えるのではなく、卒業・修了し、来月から皆様が翔く新しい世界にいる方と一緒に考えてほしいと思います。「驚く心を磨くこと」が「驚く仕事に従事できること」の要件だと思います。

そして、自分の進むべき地図を描いてみてください。一人だけで描こうとせず、調べたり教えを乞うたり「学び続ける」姿勢を持ち続けることで、自分の位置と成長していく方向を認識するために、自分だけの地図を描き続けてください。そして、その地図に"現在のあなた"と"将来ありたいあなた"をプロットしてください。行く手に山があればトンネルを掘り、大きな川があれば橋を架ける心意気で。

私は、皆様がこのようなことができる基礎的な力を大阪府立大学で身

7. 驚く心と経路探索

につけたと信じています。学んだことに誇りと自信を持ってください。新しい世界に大きく翔いてください。そして時間を作って、これからも府大花（さくら）まつりや大学祭などで大学に戻ってきてください。大阪府立大学はいつまでも皆様の母校です。

　以上をもちまして、本日から始まる皆様の新しい生活における飛躍を期待して式辞といたします。本日はおめでとうございました。

8．風と人生

　2017年、初めて函館に行った。北海道のあの函館へ。江戸時代末期に下田と併せて開国した地で、洋風の建物があり、イギリスなどからの駐在員がいたことがあちらこちらで感じられる素敵な街だった。
　日本三大夜景の一つを見るため函館山に登り、日没を待った。そのとき、目の前に「風向計」があることに気づいた。風の方向とその速さを示す風向計だ。当日、台風が近づいていたので、かなり強い風が吹いていた。風の方向は一定ではなく向きも変わり、そのあまりの頻度に驚いた。風向だけでなく、風力も頻繁に変わっていた。海側から激しく吹いたかと思うと急に緩やかに、緩やかかと思うと山側から激しく……という具合だ（周りの人は風向計ばかり見ている私を見て「変な人だな」と思ったかもしれない）。

　函館山で景色よりも風向計に気を取られながらふと横を見ると、陸上競技の桐生祥秀選手に似た人がいた。彼を見たとき、ほんの少しの風が100メートル走では大きな影響を与えることを思い出した。調べてみると、彼は2015年に追い風3.3メートルで9秒87を

8. 風と人生

出したが、風が強すぎて日本記録にはならず参考記録になっている。その後、彼は 2017 年 9 月に福井市で、日本記録として 9 秒 98 を出した。「風のリズムを読み切った審判員がいたことが大きかった」と当時報道されたが、この「風を読む」という言葉が面白い。

思考は選挙に飛ぶ。選挙にも「風」があり、向きが数度にわたって変わったり、またその力が大きく変わったりする。ここでは、風を見るだけでなく我々は、風を起こすこともできる。

他にも「風」については、いろいろな話がある。本学には、人工光型の大型植物工場があるが、風がない屋内では野菜の育ちが悪いので、人工的に風を起こして栽培している。家庭の扇風機やエアコンは、方向や強さが変わるほうが、つまり「揺らぎ」があるほうが涼しいと感じる。風をうまく使えば節電ができる。

私自身のキャリアを振り返ってみると学生や民間企業の会社員のときも、本学の教員となってからも、そして、法人役員になった今もなお、いろいろな「風」を見続けている。風を起こそうとしても起きなかったり、逆に思った以上に起きてしまったりしたこともある。こうして周囲の変化を予測する「風を読む」ことの大切さを学んできた。

入学生にはやりたいことに対して、追い風も吹けば向かい風も吹くことだろう。もし、追い風に乗っているなら油断しないでほしい。いつ向かい風になるかわからない。もし、向かい風を感じたら少し耐えてほしい。いずれ追い風が必ず吹く。風向だけでなく風力も変わる。工夫すれば自ら風を起こすこともできる。

こんなことから発想し、2018 年 4 月の入学式では、「風」をテーマに式辞を述べた。

【2018年度入学式式辞】

● はじめに

　今年の桜の開花は記録に残っている限りでは最も早く、自慢にしているキャンパスの桜は、皆様を待ち切れなかったかのように満開を過ぎ、すでに若葉を出し始めています。

　入学試験に合格されて、ここ大阪国際会議場におられる新入生の皆様、またご家族の皆様、ようこそ大阪府立大学へ。

　多くのご来賓をお迎えし、このように盛大な入学式を挙行できることをとても嬉しく思うとともに、大阪府立大学を代表しまして、皆様を心より歓迎いたします。

　「入学おめでとうございます」。

　本学の理念は「高度研究型大学——世界に翔く地域の信頼拠点——」で

す。三つのキャンパスがありますが、中百舌鳥キャンパスは文字通り鳥の名前「百舌鳥」がついた地、羽曳野キャンパスは日本武尊が亡くなって白鳥になって飛来し「羽を曳くように飛び立った」という伝説の地、そしてりんくうキャンパスは国際便が毎日多数発着する空の玄関の近くにあります。まさに"翔く"というイメージがふさわしいキャンパスを有している大学です。そして、教育・研究・地域貢献活動において「多様」「融合」「国際」という三つの視点を大切にしています。

この式辞では、理念に含まれる"翔く"に関連した"風"を題材に三つの問いを絡めて、お話をしたいと思います。

● 平昌五輪の風

まず一つ目の話は、スポーツと風に関することです。私が大学に入学したのは 1972 年です。今から 46 年も前のことになります。札幌オリンピックが開催されたときで、入学試験前に夢中になってテレビを見ていました。中でも「日の丸飛行隊」といって、スキーのジャンプ競技で日本が金・銀・銅の三つのメダルを独占したことに日本中が歓喜しました。

皆様は、今回の平昌（ピョンチャン）オリンピックをテレビで見ましたか？ フィギュアスケート、スピードスケート、カーリングといろいろな競技で手に汗を握りましたよね。ジャンプ競技をテレビで見ていた方も多いと思うのですが、どうでしたか？ 入学試験の前でそれどころでなかった方もおられたかもしれませんね。

私はスキーのジャンプ競技で「金メダルを獲るのではないか、同一競技で複数メダルもあるのではないか」とワクワクしながら実況中継を見ていました。すると、風のために競技が頻繁に中断したのです。距離を伸ばすには向かい風がいいらしいのですが、追い風になったり風が止まっ

たり、また向かい風になったり、頻繁に方向が変わっていました。スターターは、風を見て旗を振っていました。向きだけでなく、風の強さも頻繁に変わり「風が強くなるとジャンプのスタート台を下げ、弱くなると上げる」という調整を行うことを知りました。つまり、選手たちにとってジャンプ台から"翔こう"にも環境は平等ではありませんでした。

この勝負においては、風の移り気な影響が大きかったのではないでしょうか。風のイタズラともいうべき影響については、100メートル走の桐生祥秀選手が10秒を切ったときにもよく紹介されました。「風を読む」という言葉もありますが、イタズラ好きの風に背中を押されたり足を引っぱられたりするのはスポーツの世界だけでしょうか？

スキージャンプの話に戻って、競技終了後のインタビューでは、（ワールドカップで優勝が続いていたにもかかわらず）銅メダルを獲得した高梨沙羅選手も、（冬季オリンピック最多8回の出場を誇るにもかかわらず）メダルを逃した葛西紀明選手も同様にオリンピックに参加できた喜び、そして今後の抱負（意気込み）を話されていました。大会当日まで力いっぱいの準備を重ねてきたという満足感で、不運だった風のことを受け入れられたのではないでしょうか。そして、そのうえで将来を見て、さらなる飛躍の夢を語っていたのではないでしょうか。

我々は、このことから何を学びましょうか？

● ノーベル文学賞の歌詞の風

次に話を音楽に変えて、二つ目の問いに入ります。すでに一昨年の話になりますが、ボブ・ディランという米国の歌手がノーベル文学賞を受賞しました。私の世代では、とても人気のある国際的なシンガーソングライターで、スウェーデン・アカデミーによるノーベル賞の受賞理由は

8. 風と人生

「米国の歌の伝統において、新たな詩的表現（詩としての表現方法）を創造した」ということでした。中でも有名な曲が「風に吹かれて」という曲で、1962年に作られています。人間同士の争いの愚かさを風刺したものですが、「どれだけ争いをしたら終わるのか」という問いに対して、その答えは「風に吹かれている」というものです。

　昨年亡くなられた端田宣彦さんの曲「風」は、この曲に影響を受けたといわれています。北山修さんが作られたその曲の詩には、夢に破れたり失恋したりしたときに"何かをもとめて振りかえってもそこにはただ風が吹いているだけ"というフレーズがあります。

　日米の二つの曲はどちらも素晴らしいメロディーで、この場で口ずさみたいぐらいなのですが、その一方、詩で語られていることについては何ともいえない「やるせなさ」を感じたことを覚えています。

　我々は、ここでいう「風」をどう理解しましょうか？

　　　　　（注釈）　"　"内は、はしだのりひことシューベルツ「風」より引用

69

● 匂いを運ぶ風

　では、三つ目の問いに入ります。一昨年に梅田のグランフロント大阪で「次のイノベーションを担う人材を育てる」と題したシンポジウムを行いました。シリコンバレーに派遣した学生の代表が多数の参加者を前にして「行って良かった。テレビで見たり、本を読んだりしただけではわからないことがあった。シリコンバレーには、一種独特の匂いがあるのです」という報告をしていました。

　シリコンバレーは米国西海岸にあり、そこに全世界から多様な人が集まり、アイデアを融合して起業しています。ベンチャー企業が多数生まれたエリアの通称ですが、さて、皆様は場所に「匂い」があると思いますか？　どうなのでしょう。

　IT（情報技術）を専門にしてきた私は、何度かシリコンバレーに行ったことがあり、「匂いがあるのです」という彼の表現に深く共感を覚えました。それとともに「匂いがあるとはどういうことか」を深く考えさせられました。確かに、そこで行われている仕事・勉強のやりかた・流儀、さらには服装や食事などに独特の風俗があると思います。他の地域で見られるものとは違うのです。時に理解することが難しい習慣もあります。それらをシリコンバレー風と言うと、ここに"風"（かぜ）という文字が出てきます。

　皆様が卒業された学校にも「校風」があったのではないでしょうか？　匂いは風によって運ばれますが、彼の言う匂いとはこの"風"（ふう）のことではないでしょうか？　文化と言ってもいいのかもしれません。

　調べてみると「府大風に馴染む」「府大風の国際交流」などの用法があります。皆様は、本学に入学された以上好むと好まざるにかかわらず、大阪府立大学の"匂い"を身につけてほしいと思います。

8. 風と人生

　では、大阪府立大学風（ふう）の"匂い"をつけるということはどういうことでしょうか？　これが三つ目の問いです。

● 答えは一つではない

　今「風」に関連して三つの質問を行いました。私の質問に対して、どんな答えでもいいのですが、皆様は自分の答えを持てるでしょうか。ここでは、私なりの考えをお話ししますが、皆様も「風」を感じたとき、ぜひ皆様なりに考えてほしいと思います。答えは一つではありません。二つ目のボブ・ディランさんの歌詞に出てきた風の話「答えは風の中に吹いているだけ」は、「問題解決をあきらめよう」ということではなく、「絶対的な正解はない。だからこそ、自分たちで考えるしかない」ということだと私は理解しています。実世界の問題、特に相反する利害を持つ関係者が複数いる場合などには、問題に対する解が人によって異なっていたり、たとえ利害が同じであっても解が時によって変わったりするのです。皆様がこれまで受験勉強で学習してきた問題の大半には、正解が一つはっきりとありました。「人や時やところによって解が変わる」ということはありません。

　一方で、皆様が入学後に遭遇する問題、特に卒業研究や学位論文で取り上げる問題、さらには大学卒業後に取り組む実世界の問題には、必ずしも普遍的に正しい解があるとは限りません。同じ問題でも「時」と「ところ」によって解くための条件が異なることがあり、一度解いた答えを再利用できないこともあります。ですので、答えを知ること・覚えることに集中するのではなく、自分の前にある「問題の本質は何なのか」や問題解決に向けて「どう発想すべきか」というプロセスを幅広く学んでください。入学試験に合格した専門領域だけではなく、総合大学である

大阪府立大学に入学したことを自身の強みにするために、いろいろな講義、いろいろな先生から、今ある問題、さらには過去にあった問題、そして将来の問題は何なのかをよく学んでください。

　三つ目の「大阪府立大学風」ですが、府大生のイメージについては就職先の人事部門から「伸びしろがある」「困難があっても逃げない」「実践力がある」「祭りごとが好き」などという高い評価を得ています。日本経済新聞社と就職・転職支援の日経HRが2017年に発表した「企業の人事担当者から見た大学のイメージ調査」によると、大阪府立大学は総合9位に位置づけられています。我々の誇りとするところです。入学後には、本学のいろいろなイベントに参加して先輩や地域の方など多様な人と交流したり、本学独自の副専攻や海外交流プログラムに積極的に参加したりして、異文化を理解しグローバルに活躍するというマインドを身につけてください。

　府大風の学びの活動には大学をあげて応援します。幅広い学びを行うマインドを持ち、異分野の人や海外の人と一緒になって問題解決を経験し、「融合」という視点を持ってください。そのためのプログラムも多く用意しています。

　最初の問いに戻りましょう。今回のオリンピックにも見られたように、いくら努力を重ねていても、その結果はたまたま吹いている風の向きや力に影響を受けてしまうことがあります。皆様の努力についても、今までも運・不運があったでしょうし、きっとこれからも風の影響を受けるでしょう。それでも今回のオリンピックの選手のインタビューを聞いていると、たとえ金メダルが獲れなくても「結果は風次第」と言えるところまで努力し成長しておくことが大切だとわかります。

　そして、風は常に向きを変えますし、力も変わります。自分の好まな

8. 風と人生

い風のときは「しなやかに」吹かれてやり過ごし、時が来るまでは「したたかに」準備を重ねておき、「今だ」というときに力強く自分の望む世界へ翔けるようしておいてください。

● まとめ

　本学の理念「高度研究型大学——世界に翔く地域の信頼拠点——」について、「風」を題材に話をしました。これからの人生において風を感じたときに、本日の私の話を思い出して、「生涯にわたって学び続ける力」を備えてくれることを期待しています。

　最後になりますが、先日、大阪府議会、大阪市会で議決された公立大学法人大阪市立大学との法人統合について簡単にお話しします。本学の歴史は130年以上に及びますが、その歴史はさまざまな学校の統廃合の歴史とも言えます。2005年に大阪府が運営する三大学を統合して法人化した他、2011年に大阪府立大学工業高等専門学校を法人傘下におき運営しています。来年度に新たな法人のもとで二大学一高専を運営することになります。その後、これらの歴史の中で培ってきた伝統を大切にして、魅力ある新大学の設置をめざしていくことを誓いますので、大阪府立大学に入学された皆様は心配せずに勉学に励んでください。

　それから、ご家族の方にお知らせです。明日（7日）の「府大花（さくら）まつり」に、中百舌鳥キャンパスへ見学にいらっしゃいませんか。残念ながら多くの桜は満開を過ぎていますが、教職員・学生・近隣の方々による多くの楽しい企画を用意しております。大阪府立大学風を知るいい機会だと思います。

　同じく7月までの木曜日の午後に開催する公開講座「関西経済論」では、松井一郎大阪府知事、竹山修身堺市長を含め、各界の著名な方のお

話を聞くとともに、キャンパス内の図書館、食堂などをお楽しみいただけますので、ぜひお申し込みいただきたいと思っています。さらに5月には、友好祭と呼ぶ大学祭に併せて保護者の方のためのオープンキャンパスを企画しています。これらの機会に学生で活気あふれるキャンパスの"風"をぜひ知ってください。お待ち申し上げます。

　以上をもちまして、本日から始まる皆様の新しい生活における飛躍を期待して式辞といたします。本日はおめでとうございました。

匂いについて

P70で「匂いを運ぶ風」について述べているが、ある日「匂う（動詞）」ということについて考えていたところ、お二人の先生から今まで知らなかったことを教えていただいたので、紹介したい。

(1) 一つは、「におい」という発音に対して、「匂い」と「臭い」があって、前者は肯定的にとらえられ、後者は否定的（例えば、官僚臭いとか犯罪の臭いがする）にとらえられがちだが、「人間臭さ」とか「臭い」にも肯定的に評価されることもある。確かにそうだ。

(2) 古語での「にほひ」は色彩に対して使われている。動詞「にほふ」は美しさが映える、美しさに輝いている、美しく咲く、といった意味から、嗅覚に転義していったそうだ。

(3) さらに名詞「にほひ」には魅力とか気品という意味もある。そういえば、わからぬでもない。

にほひ【匂ひ】（学研古語辞典）名詞

① （美しい）色あい。色つや。　　　　　　　　　　出典：枕草子　木の花は

「花びらの端に、をかしきにほひこそ、心もとなうつきためれ」

　　［訳］（梨（なし）の花は）花びらの端に、美しい色つやが、ほのかについているように見える。

② （輝くような）美しさ。つややかな美しさ。　　　出典：源氏物語　桐壺

「この御にほひには並びたまふべくもあらざりければ」

　　［訳］この（若宮の）つややかなお美しさには匹敵なさることもできそうになかったので。

③ 魅力。気品。　　　　　　　　　　　　　　　出典：紫式部日記　消息文

「その方の才（ざえ）ある人、はかないことばのにほひも見え侍（はべ）るめり」

　　［訳］その方面（＝文章）の才能のある人で、ちょっとした言葉にも魅力が見えるようです。

9．あみだくじと人生

　古の白河法皇が言われたという「加茂の流れ、賽の目、叡山の山法師」は、「天下三不如意」として知られ、「この三つ以外は何でも思い通りになる」と豪語するほど彼が権力を持っていたとされている。前の二つは誰が何をしようとも思い通りにならないのに対し、最後の一つは「政治」そのもので、「打つ手もなく苦悶する姿」だ。この言葉を引用するのが適切かどうか若干迷うが、学長最後の年は、天災だけでなく、自分の意志だけではどうにもならない課題が降りかかってきてこのことを思わずにはいられなかった。

　1992年以降、18歳人口が下がり続けていたが、進学率が伸びていたので大学進学者の数は増えていた。しかし、2018年問題として知られるように、進学者数が減る時代になっている。このため公立大学の本学においても優秀な学生を集めるには、広報活動をはじめ教職員に多大な労をかけるようになっており、この傾向は、さらに厳しいものになっていく

9. あみだくじと人生

のは確実だ。今後、大学の統廃合は急速に進むのではないかと予想している。

　欧米の研究者に比べ、我が国の研究者は、ノーベル賞受賞者でさえも「業績を上げるには、時間をかけるべきだ」と思いがちだ。裁量労働制を採用してからは、極端な例として「研究時間は休日・深夜を含め、自分で決められる」と誤解し、そのペースを学生に強いることもあった。一方、過労死が社会問題になる中、大学経営者にも勤務時間実績を正確に把握し統制することが法律として定められている。「研究の自由」を守りつつ（対教員）、コンプライアンスを遵守し（対労働基準監督署）、交付金の中で大学運営をする（対大阪府）ことを「叡山の山法師を相手に大学運営しているようなものだ」というと言い過ぎだろうか。

　「朝暾（あさひ）に光る　海原の　風さわやかに　吹きなびく」。台風ではない「自然の風」を感じたとき、「天下三不如意」をどう打開するかを考え、私の務めを果たそうと決意し、必死だった。この式辞が最後になるため、妻にも見に来てもらおうとしたところ、三男が孫を連れて来てくれた。ただ、孫は式中に大泣きして周囲の方に迷惑をかけてしまった。

【2018年度学位記授与式式辞】

● はじめに

昨年は、大阪北部地震、西日本豪雨、台風21号と立て続けに大きな天災を受けました。特に台風21号のときには、キャンパスにある大木が数多く倒壊し、さらには関西国際空港の閉鎖により、教職員や学生の渡航そして帰国にも大変大きな影響を受けました。この場をお借りして被災された皆様に心よりお見舞い申し上げます。

さて、3月に入り気温が上がり、春がやって来ました。キャンパスの桜も皆様の卒業・修了を祝うかのように蕾を膨らませています。

本日、ここに大阪府府民文化部 理事 森久子様はじめ、多数のご来賓にご臨席を賜り、学位記授与式を挙行できますことを嬉しく思います。卒業・修了される皆様、おめでとうございます。「高度研究型大学──世界に翔く地域の信頼拠点──」大阪府立大学を代表して、お祝いの言葉をお贈りします。皆様の成長を願いつつ、ここまで励ましてこられたご家族そして指導してこられた教員の皆様にも併せてお喜び申し上げます。

さて、本日の式典において、「あみだくじ」と人生の話をします。最初に、(ご存知とは思いますが)「あみだくじ」について触れ、私の経歴を振り返り、それを「あみだくじ」にたとえてみます。最後に大阪府立大学での学びと皆様の「あみだくじ」について語ってみたいと思います。

● あみだくじ

皆様は「あみだくじ」をご存知ですよね。多くの縦の平行線の下に「当たり」「はずれ」などを書き、あらかじめそれらの縦の平行線の間に横線を入れ、はしご状にします。さらに、上と下の関係がわからないように一部の平行線を隠します。各自が上のはしを選択したら、隠した部分を見

えるようにして、交点が来たら曲がりながら、下へ下へと線を辿ります。

横線のある位置やくじの結果を隠す（一般に「下半分を隠す」）ため、英語では足のない幽霊にたとえるのか Ghost Leg lottery と呼ぶそうです。ご存知でしたか。また、くじを引く人に「一本横線を加える」ことを許す場合もあります。この一本の横線が、くじの行方を二者の間で入れ替えるのはご存知の通りです。二本・三本と横線が増えると、複雑に結果が入れ替わりますが、引いたくじに対しては、必ず一つの結果となります。

ここにおられる皆様は「あみだくじ」を使ったことがありますよね。

● 「あみだくじ」と人生

昨年、読売新聞社の竹内政明さんが「編集手帳」というコラムに「あみだくじ」に関することを書かれていました。「人生はふとした横線で進

路が入れ替わる」ということですが、本日は、このコラムを参考にして、式辞をまとめました。

　私は、高校生時代に数学が好きで、将来、数学の先生になりたいと思っていました。そこで「数理工学を学ぼう」と受験勉強し、幸いにして、希望通り合格しました。ところが周りにいた友人たちの数学に対する興味と能力に圧倒され、進路を変えることにしました。それが、今思えば、最初の横線だったような気がします。

　すでに就職していたある大先輩から「これからはハードウェアよりソフトウェアが重要になる」という話を聞いて、システム科学という学問を専攻しました。狭義には（わかりやすくいうと）コンピュータの応用技術です。1978年に、民間企業に入り、ソフトウェア製品を作る部署への配属希望を出しました。ところが、希望ではない神奈川県にある研究部門に配属になりました。ここでは、私の進もうとしていた「あみだくじ」の方向に、会社が引いていた横線があったのでしょうね。

　入社6年して、社費留学の推薦を受けましたが、英語の試験で不合格になりました。ここでは自ら横線を書き損ねたようなものです。ところがその数年後に、上司の強い薦めにより米国ピッツバーグで学ぶ機会を得ました。書き損じていた横線を上司が代わりに書いてくれたと考えています。

　帰国して、家族が5人になっていたこともあり、1987年に川崎市にマンションを購入しました。「落ち着いて研究に励もう」と思った途端に関西への転勤を命じられました。「自宅を購入したところでもあり、辞退したい」と申し出ましたが、受け入れてもらえず、最終的に子供を転校させ転居せざるをえませんでした。これも私の引いた「あみだくじ」に横線があったのだと思います。

9. あみだくじと人生

　関西で8年勤めたころ、「バブル経済がはじけた」という理由でオフィスが閉鎖となり、神奈川県に単身赴任することになりました。「当社にいる限り、もう関西に戻ることはない」と上司に言われ、今後の人生に迷っていたときに偶然（誘われたわけでもなく、知人がいたわけでもなく、たまたま学会誌の公募情報を見て略歴や業績などの調書を送った結果、面接を経て）、大阪府立大学に採用されました。偶然としかいいようがない横線だったのです。

　2002年に民間企業の社員から大学教員になって、「これで定年まであと15年間も若い大学生と一緒に勉強ができる」と張り切っていたところ、その後もいろいろな横線が入り、フランスやカンボジアをはじめ多くの人と出会い、彼らに影響を与えたり彼らから影響を受けたりしながら、本学の学士課程教育改革の目玉でもあった現代システム科学域の設立に携わり、その後、副学長を経て学長になっている次第です。

● 大阪府立大学での学びとあみだくじ
　さて、皆様の人生は本学に入学されるまでどうだったでしょうか。まっすぐに進んだでしょうか。大阪府立大学で学んでいる間はどうだったでしょうか。入学時に想定していたように本日を迎えているでしょうか。4月からの人生はどうなっていくでしょうか。

　ここにおられる皆様はそれぞれ行き先のわからない「あみだくじ」を引いていて自分で横線を引いたり、周りの人々に横線を引かれたりしながら、今日・この場にいるのではないでしょうか。

　ここには、希望して入学された方も不本意ながら入学された方もいるでしょう。選んだクラブ活動が自分に適していて活躍された方も、何らかの理由があって途中で退部された方もいるでしょう。ゼミ配属・研究

室配属において希望が通ったこともあれば、通らなかったこともあるでしょう。それらが自分の判断や能力で決まったこともあれば、他人との関係で決まったこともあるでしょう。

　このように考えませんか。大阪府立大学は皆様の「あみだくじ」に多くの横線に出会う機会、そして、自ら横線を引く機会を与えた。初年次ゼミだったかもしれない。卒業研究だったかもしれない。副専攻だったかもしれない。リーディング大学院だったかもしれない。サークル活動だったかもしれない。留学したことによるかもしれない。

　教職員や先輩・後輩を含むこの大阪府立大学があなたのあみだくじの進路に横線を与えた。逆に、あなたが友人のあみだくじの進路に横線を引く機会もあった。気づいていないかもしれないがそして大きいか小さいかは別にして、人生を変える横線が大学のあちこちにあったのではないかと考えませんか。

少し目を閉じて思い出してみてください。

私の教え子の中の何人かは、横線が入ったときにそれを全力で消そうとしたり、そのすぐ下に横線を一本加えてもとに戻ろうとしたりしていたことを思い出します。あみだくじの下に確かに自分の思う「当たり」が書かれているならそうすべきです。これらの学生には、私の考え方を伝え続けました。

一方で、ボランティアをしたり海外に出かけたりすることで、自ら別の方向へ横線を引こうとする学生も多数いました。彼らは彼らが変わるだけでなく、私の行動にもいい影響を与えてくれました。こんな学生が多数いて、私は大阪府立大学の学生のことを心から誇りに思っています。

● まとめ

それでは、話をまとめます。

皆様の人生は、幽霊の足のように先が見えない「あみだくじ」を引いているようなものと考えてみましょう。人生においては、あみだくじの先端が「当たり」か「はずれ」かなど誰にもわかりません。

ですので、拒否できない横線はしなやかな態度で受け入れ、あみだくじの先が少し見えれば、したたかな手を打ってでも自ら横線を入れるという姿勢を持ってください。努力してください。自分の力ではどうしようもない横線が必ず入りますが、それを受け止めてさらに自分のためになる横線を引いてください。

横線を引くにあたっては、一人だけで引こうとせず、調べたり教えを乞うたり「学び続ける」姿勢を持ち続けることで、横線を引く力を養い続けてください。

そして、いずれは皆様の周囲の方にいい影響を与えるために、その方々

の「あみだくじ」にも横線を入れてください。私の友人のジョージア大学の Tiwana 博士は、「自分の Influencer は誰で、Influencee は誰だ」ということをよく話します。本日の私の話でいうと、「自分のあみだくじに横線を入れてくれたのは誰で、誰のあみだくじに横線を入れようとしているのか」という風に理解しています。

　あみだくじのコラムを書いた竹内さんは書いています。「辛い」という漢字に横線が入ると「幸せ」になると。今この場で掌に書いてみてください。「辛」が「幸」になるのがわかりますか。将来、辛いことがあったとき、あるいは、あみだくじを引く際、本日の私の話を思い出して、皆様が「人生」にどう対応するかを考えていただけるなら、それは私にとってこのうえない喜びです。

　最後になりますが、この4月に私たちは公立大学法人大阪市立大学と法人統合を行います。この流れの中にあっても、私たちは「高度研究型大学——世界に翔く地域の信頼拠点——」として誇りある大阪府立大学の伝統を残します。その支援策の一つとして「つばさ基金」を設立しています。本日も皆様のお手元に資料をお渡ししています。この資料をご覧いただき、近い将来ご協力を賜れば幸いです。どうぞよろしくお願いします。

　長くなりましたが、以上をもちまして、4月から始まる皆様の新しい生活における飛躍を期待して式辞といたします。本日はおめでとうございました。

10. 情報の圧縮と言葉遊び

　学士・修士は数理工学を専攻したが、博士は情報工学で授与された。「情報って何だろう」というのは、この分野の研究者とお酒を飲みながらよく議論になるテーマだ。似た概念に、データ・知識がある。

　私は、大雑把に次のように考えている。「データ」は、ものの状態や事実を表す。例えば、「本日の気温は4℃」というようなもの。情報は、データをもとに意思決定に利用できる材料。例えば、「本日はこの1週間で一番寒くて日中も気温は上がらない」である。知識は、情報をもとに行動を起こす規則。例えば、「寒く、日中は気温が上がらないときには、コートを着用し、手袋を持参すべきだ」。

　世界に四大文明があるというが、ある方に「文明があるかどうかは、記録を残したかどうかだ」と言われた。記録を残すことは大切だ。我々人間は、データ・情報・知識をメディア（媒体）に残す手段を持っている。

　古くは、壁画というメディアに絵を描くことで、記録を残すうえで時間の壁を超えた。持ち運べる亀の甲羅や動物の骨に文字を刻むことで、記録を伝えるうえで場所（距離）の壁を超えた。紙が発明され、大量の記録（文書）を残すことが可能になった。当初使われた巻紙に対し、ページという概念ができ、一部の追加・削除・修正のような記録の編集が画期的にやりやすくなった。以後、いろいろな発明がなされ、電子化されたメディアが我々の生活を支えている。

　私は下手ながらも趣味として川柳や短歌を作ってきた。毎日新聞社の万能川柳には以下が掲載されている。

- ウナギ飼い　ウナギ食べるの　やめたボク

- 月金は　荷物が多い　新幹線
- コンタクト　これでどうして　見えるのか

　最近はテレビでも俳句を指南する番組があり、楽しみにしている。2005年に府立の三大学が統合して現在の大阪府立大学があるが、その一つの前身である大阪女子大学の同窓会は斐文会という。今でも全国各地で活発に活動されている。懇親会に呼ばれたり、会報に寄稿したりする機会をいただいている。

【斐文会報357号より】

　私は、情報工学専攻の博士（工学）を取得し、技術士の資格も情報工学で取得した。新聞、テレビが情報の入手源だったひと昔とは違って、今日、インターネットと繋ぐことによって我々はとても多くの情報を入手しやすい環境になっており、情報を如何に効率よく、有効に、自らが使うか、そして他人に情報を伝えるかが大きな研究課題である。そして、近年 Big Data という言葉で語られているが、大量のデータが蓄積される可能性が出てきた今日、情報を如何に扱うかは大きな技術課題であるとともに社会課題でもある。その中に情報を圧縮するという問題もある。

　日本文化を振り返ると、情報を圧縮して楽しむものがいろいろある。箱庭は、庭園や名称など絵画的な光景を模擬的に作るものであり、盆栽・生け花もその一種であろう。和歌・俳句は、漢詩に対比される日本語詩でその歴史も古い。作った人はある状況の中でそのときの想いを短い詩として表す（圧縮する）一方、限られた文字数では多くの状況が隠されてしまうので、それを聞いた人は自分の感覚でその状況を復元・拡大して思いめぐらす。このことが「楽しみ」を与えてくれる。

　ところで、「楽しむ」というとパロディというものもある。パロディに

10. 情報の圧縮と言葉遊び

は、先行作品に対する相違を伴った模倣による批評表現ととらえられることもあるが、ユーモラスな効果を狙って他の作品形式を単に借りた形態もある。盗用とか改ざんとか著作権の問題があり、学長として研究不正を防止し、学生にレポートの書き方を指導する立場でもあるので、少しナーバスなところもあるが、私は、魚釣り、愛犬、家庭菜園でリフレッシュするときなどに、有名な歌を替えて楽しんでいる。

　一緒に楽しんでいただければと思いいくつか紹介したい。
　（1）鯒（コチ）深場　思い起こせよ　鍋の味　タモがなしとて　張る（ハル）を忘るな

　　　堤防で、小さなキスを狙って、細い糸、小さな針で投げ釣りをしていたらいきなり強い引き。タモとは大きな魚をすくう網のこと。この日はタモを持参していなかったので糸が切れないか心配したが無事釣り上げることができた。元歌は、菅原道真が大宰府に流されるときの、「東風吹かば　匂ひおこせよ　梅の花　あるじなしとて春を忘るな」である。
　（2）大理石　釣るや釣らずと　問われれば　貼ると貼らずで　大橋の下

　　　ガシラ（カサゴ）は大理石のような色と模様をしており、冬

87

の寒いときに釣れる。そのため貼るカイロと貼らないカイロの両方が必需品。明石大橋の下にはいっぱいいるが、潮の流れが速く、とても釣りにくい。元歌は子供のころ親しんだ百人一首の坊主、蝉丸の「これやこの 行くも帰るも 別れては 知るも知らぬも 逢坂（あふさか）の関」。

（3）淡路島 強いメバルの 引き求め 幾夜眠れぬ 須磨の釣り人

　　須磨港から仙正丸という船で釣りに行く。6時ごろ出船。楽しみがあると前日だけでなく、数日前からうきうきしてしまう。百人一首の源兼昌の「淡路島 かよふ千鳥の 鳴く声に いく夜寝覚めぬ 須磨の関守」から作った。

（4）大江山 腰の痛みが 遠のいて また釣りに来た 天橋立

　　宮津湾はキスがよく釣れる。舞鶴道で行くと、途中に大江山があり、その先が天橋立。2年前に腰痛があってしばし行けなかったが、久しぶりに行ったときに思わず思いついて作った。元歌はこれも百人一首の小式部内侍の歌「大江山 いく野の道の遠ければ まだふみもみず 天の橋立」。

（5）春過ぎて 夏来にけらし 白犬の 体干すちょう 風呂の片隅

　　飼っている愛犬を洗ったときのもの。以前はよく見かけたスピッツで今は16歳。元歌は持統天皇の「春すぎて 夏来にけらし 白妙の 衣ほすてふ 天の香具山」。

11. イソップ物語：キツネとツル

　1987年にアメリカのカーネギーメロン大学で客員研究員として滞在後、1990年代半ばには共同研究や学会発表でアメリカ、特にスタンフォード大学など西海岸に出かけることが多かった。しかし、ヨーロッパ出張は稀で、花の都パリには行ったことがなかった。

　2005年のあるとき、パリ郊外のヴァルドワーズ県の代表団が府大にみえるという。大阪府と姉妹県の協定を締結しており、行政同士の交流と産業界同士の交流は進みつつあったが、学術関係での交流が進んでおらず、本学にみえてその端緒を探そうとしていたのだろう。ところが、本学側の教員で、英語圏以外の国との交流に積極的な意思を示す方がおられず、困っているという噂を小耳にはさんだ。

　ちょうど、海外留学をしたいという学生がいて、アメリカの知人を頼って留学先を交渉していたがうまくいっていなかった。大半の大学が「日本からは留学希望が多数出るだろうが、アメリカから留学希望が少ないだろう」と交換留学時に授業料を免除することを敬遠していた。

　「そうだ。パリには行ったことがない。ここで手をあげればいい機会に

なりそうだ。フランス語が話せなくても英語でなんとかなるだろう」と思い、「私にやらせてください。交換留学したいと言っている学生もいます」と申し出た。周囲は、「交流協定を締結してもフランスから府大に来る学生がいるとは思えない。もしいたら、府大池を逆立ちして一周歩いてやるよ」という雰囲気だった。

　ちょうど、イタリアで学会があり、そこでの発表を終えた後、EISTI（情報系）というグランゼコール（大学院大学）を訪問しフィンツ学長に会った。9月だったと思う。そして、おいしいワインとオイスターの昼食に招いていただいた。今でも「ここでの食事がおいしくなかったら、交流は始まっていなかっただろう」と笑い話にしている。

　フィンツ学長との話は弾んで、11月に来日されたときに交流協定を締結した。当時は南努学長だった。その後、希望していた研究室の学生がフランスに留学し、翌年には、EISTIの学生が2名交換留学してきた。

　2008年度にはなんと5名の学生が来日し、私だけでは受け入れられず、他の研究室と分担して受け入れた。以後、EISTIだけでなく、ENSEA（電子系）、SUPMECA（機械系）、EBI（バイオ系）の大学院大学とも国際交流協定を締結し、学生交換をしている。

11. イソップ物語：キツネとツル

さらに交換留学だけにとどまらず、ダブルディグリープログラムを用意した。これは所定の単位を両大学から取得すれば、両大学から学位を授与されるというもので、フロリアン・サザランドさんと高橋敦氏が最初で、その後、多

数が授与されている。何名かのフランス側学生は、本学の博士後期課程に進学し、学位を授与されている。府大生と結婚し、日本で就職している学生もいる。

　こういう経緯もあり、2018年11月にもヴァルドワーズ県の県会議長らが本学を表敬訪問されたが、そのときの失敗から母親が読んでくれたイソップ物語を思い出し、そこから学んだグローバルコミュニケーションについて、斐文会に投稿した。立命館アジア太平洋大学の出口治明氏の「教養は児童書で学べ」という著作があるが、まさにその通りだと思う。そして、読んでくれた人（多くの場合は母親であろう）の解釈で童話はいろいろな形で伝わるのだとも思う。

【斐文会報362号より】

　昨年は斐文会創立90周年の祝賀会に参加させていただきました。盛会に驚くとともに、会の運営に携わってこられた多くの卒業生のご尽力がよくわかりました。ご招待ありがとうございました。

　2018年の文字は「災」でしたが、本学の周辺でも、大阪北部地震、西日本豪雨、台風21号と立て続けに大きな被害を受けました。私は地震発生

時地下鉄の中で恐怖を感じ、豪雨のときは交通機関が不通となったため帰宅困難者になり、台風のときには自宅が長時間にわたり停電になりました。幸い怪我などはしませんでしたが、皆様そしてご家族はご無事でしたでしょうか？ この場を借りて、被災された皆様にお見舞い申し上げます。

　自然災害の恐ろしさを感じている最中、学生たちは、真夏の炎天下にもかかわらず被災地である総社市と三原市へ片付けのボランティアに行き、現地の責任者から公的な感謝状を大学宛に頂きました。また、ボランティア・市民活動センター V-station が、内閣府の平成30年度子供と家族・若者応援団表彰において、内閣府特命担当大臣表彰を受賞しました。それぞれとても誇らしいことです。

　また、理系女子大学院生チーム IRIS（アイリス）が中高生に対して行っている「地域における理系進路支援の取り組み」が評価され、澤柳政太郎記念東北大学男女共同参画奨励賞を受賞しました。さらに、「ダイバーシティ研究環境実現イニシアティブ（特色型）」の中間評価で最高評価の「S」を頂きました。長年、女性研究者支援に力を入れてきただけに、外部からの高評価をとても嬉しく感じてい

11. イソップ物語：キツネとツル

ます。

　さて、フランスのヴァルドワーズ県と大阪府は姉妹都市であり、産官学の各層で交流しています。11月、県議会議長を代表とする視察団が来学され、一緒に昼食をとる機会がありました。議長はこちらが手配したお弁当を見た途端、とても食べにくそうにされたので、私の顔は真っ青になりました。近年来学される方は例外なくお箸を使われるので、悪気なくお箸だけ用意しており、慌てて担当事務にナイフとフォークを用意させることになりました。

　このとき、ふと、幼少時に母に読んでもらったイソップ物語の「キツネとツル」の話を思い出しました。皆様もご存知のように、キツネがツルを食事に誘ったとき平たいお皿でスープを提供したので、ツルは食べられなかった。次にツルがキツネを食事に誘い、今度は壺でスープを提供したので、キツネは食べられなかった。35年近く前に死別した母からは、「意地悪をすると意地悪されるよ」と聞かされていたのですが、懐かしく思い、改めて物語を調べてみました。すると、「キツネは壺をひっくり返して食べたので、知恵を働かせれば意地悪されても回避できる」という話もあり、「中途半端な仕返しはかえって逆効果」とも書かれていました。

　さらに図書館で本を借用して調べてみると、「学者たちが食事の時に難

しい理屈の問題を持ち出すと、それがわからない普通の人々は退屈するし、反対に普通の人々がバカげた話を持ち出すと、学者たちは嫌な顔をする」とありました。つまり、立場の違う人たちが食事をするときの注意・心遣いだそうです。

　今回、大変失礼な失敗をしたことにより、母のことを思い出すとともに、グローバル化時代の異文化コミュニケーションについて、改めて考えさせられるひとときになりました。相手のことを知り相手の立場になって思いやる気持ちを、これからも忘れずにいたいものです。

付録　Think Flexibly, Act Robustly: Your Keys to Success

　グローバル化に関する自分の意見を 2017 年の年頭の辞で述べた。教職員に対して行ったものだ。そして、その 3 月から、学位記授与式・入学式にて式辞の英語要約を配布するようにした。そして、秋の入学式は、留学生が多数いることから式そのものを英語で行うようにした。また、式次第には、交流協定のある国と地域、留学生の出身国の国旗を掲載している。

　以下では、まず、年頭の辞で述べたグローバル化に関する議論の提案を紹介し、その後、英語の式辞要約の 5 回分を紹介する。

● 2017 年年頭の辞

　ちょっとだけ自分の仕事のことを振り返ってみるとここ数年「大学のグローバル化」が謳われ、国も競争的資金を積極的に用意していますが、10 年後 20 年後に本学ではどのようにグローバル化が進んでいるでしょうか？　私はそのイメージを学内で共有して着実に準備していくことが大切だと考えています。

　長崎には出島というところがあり、江戸時代に栄えました。鎖国時代に

オランダの商人たちが貿易はじめ文化交流をした、今でいう特区のような地域です。これとのアナロジーで、ある文献（中央公論2015年7月号「外国人教員から見た日本の大学の奇妙なグローバル化（エドワード・ヴィッカーズ／ジェルミー・ラプリー共同執筆）」）で日本の大学のグローバル化の一つの形態が出島オプションとして示されていました。デフォルメしていうと、10年後のグローバル化の状況は、次の三つのイメージで予測されています。

- イメージ1

    今とほとんど変わらない。大学のグローバル化というのは政府や社会の期待にもかかわらず、掛け声倒れになる。
- イメージ2

    全学的にグローバル化が相当進み、英語の授業、外国人教員はどの研究科、学域・学類でも当たり前になる。欧米、アジアからどんどん留学生が来て、また、日本からも世界中に留学する。
- イメージ3

    留学生や外国人教員は増えるが、ある特定のプログラムに限定される。国際交流の担当部署が強化されるが、グローバル化に関連する事務はすべてそこで行う。学内に大学版の出島ができる。

本学はどのイメージに進むと皆さんは思いますか？　あるいは、どのイメージを目標として進むべきだと思いますか？　この論文では、良い悪いではなく、今の日本の大学を分析した結果として、イメージ3の「各大学に出島ができるだけ」になる可能性が高いと予測していました。

私は「この文献の予測のように進んではいけない」と考えていますし、他の二つのいずれでもないような気がしています。ある想定した状況をゴールとして、学内で共有したうえで、ステップを踏み、着実に近づいて

付録　Think Flexibly, Act Robustly: Your Keys to Success

いくべきだと考えています。私の想定するイメージは次のようなものです。

　各専攻、各学類程度の単位で、交流協定を持った特定の大学とダブルディグリープログラムを持つようになり、その大学との間で学生を交換したり、教職員を派遣したりしあう。そのように相互に信頼できる姉妹校を見つけて、活発に交流することが大切だと考えます。教員もそれらの大学とクロスアポイントメントを進めます。授業は日本語と英語のミックスであってもいいし、英語だけ、日本語だけのものがあってもいい。こうしたことを通じて、協定に基づく研究教育活動の質を高めることがとても重要です。

　条件の整った専攻や学類から試してみて、失敗すれば見直すという姿勢で、歩みを進めてほしいと思います。工学研究科としてすでに実績のあるフランスの大学院大学とのプログラム、工学域の中国の大学のプログラムなどを参考に、継続的に安定した優秀な留学生を招き、また本学の学生も送れるように戦略的に進めようではありませんか。すでにいくつかの研究科や学類の先生には相談を始めていますし、海外の大学の幹部とお会いするときにはダブルディグリープログラムを提案するようにしています。ポテンシャルのある大学がアジアの大学であれば、「さくらサイエンスプラン」を利用してその大学の教職員・学生を招へいするところから開始すべきだと考えています。

　また、各事務組織は留学生に対し、日本人に対するサービスとほぼ同質のものを提供できるようになる。少なくとも「海外案件だから国際交流の担当部署に任せてしまう」という出島方式ではない。言葉は流暢でなくても、指差しやジェスチャーを交えてお互いが努力してコミュニケーションを進める。10年後、20年後にはどの職員も程度の差はあれ、留学生をはじめとした外国人と交流することが当たり前になると考えます。

この考えを進める第一歩として、昨年はグローバル化推進室を設置し、学内で使う英語辞書を作っていただきました。私は学生課や教育推進課をはじめとする職員も海外に出張する機会を増やしたいと考えていますし、海外からの来客と大学運営に関する議論に参加する機会も作りたいと考えています。本学には多くの海外からの来客があり、その中には大学運営に携わっておられる方もいます。最近は職員の方も同行されます。本学の職員が自らの言葉で、彼らと交流しない手はありえません。

　また、本学がこれまで力を入れてきた地域連携と国際交流をつなげることで特徴を出し、地域連携の実績を活かして国際交流の強みとするのはいかがでしょうか？　昨年、国際交流と地域連携の事務組織を一つの課にまとめました。そして、今年はこの発想をさらに強く進めたいと考えています。

　今まで私の予測は、はずれることも多かったので間違っているかもしれませんが、10年後、20年後をイメージして、それを目標に今年の取り組みを考え、手を打っていきたいと考えています。

　「今後の大阪府立大学のグローバル化のイメージはどうなるか、どうすべきか」という皆さまへの問いかけであるとともに、そのイメージを各部署で議論していただきたいというお願いでもあります。

● FY2016 Commencement Address（Extended Summary）

Ladies and gentlemen! Congratulations on your graduation from Osaka Prefecture University. On behalf of the university, it is my great pleasure to give an address to memorialize this event.

My address has three parts. First, I will ask you this question "Can

付録　Think Flexibly, Act Robustly: Your Keys to Success

any place be associated with a special kind of smell?" Second, I will ask you if you can identify any particular person who has influenced you, or whom you have influenced,  during your study. Finally, I would like to encourage you to surely keep in touch with us after your graduation.

I'd like to begin with an experience from last December, when we held FLEDGE, a symposium on entrepreneur education, at Grand Front Osaka. One of the student speakers who had been able to visit Silicon Valley said this about his experience: "It was a very impressive tour. I felt something different from my previous understanding of Silicon Valley. It is difficult to express the difference, but the place seems to have a special smell."

Silicon Valley is that famous area on the West Coast of the USA, where many venture companies started. What is smell of that area that he mentioned in his story? Do you believe that place can have a certain smell? According to my understanding, smell is invisible but gives a distinguishing character to the place and its inhabitants. Then I wondered if the OPU campus has a smell or not. If so, do students attending OPU get that smell from the campus? Does my question

99

make sense?

I think there is an OPU style which is a kind of smell. OPU students always give full play to their abilities. They are sometimes clumsy. You have much room for growth. Most of you will not run away from any difficulty.

Smelling this kind of OPU style while you were here in our campus, you will give out special qualities even if you do not aware of them. This is our great pleasure. We will continue to take care to maintain this OPU style.

Next let us consider how we handle positive influence between persons. One of my friends, a professor at the University of Georgia, shows his "influencers" and "influencees" on his homepage. Both influencer and influencee are words derived from influence. Your influencer is somebody who has positively changed the way you think. Your influencee is somebody who has changed their way of thinking because of you.

So I have this question. Who were your influencers and influencees while you were in our campus? Are your influencers your laboratory supervisor or club seniors? Are they your classmates or international students? Are they rather examples of art, music or books? How did they change your way of thinking? On the other hand, who are your influencees? Are your influencees your juniors in a laboratory or club? Are they your classmates or international students? How did you change their way of thinking?

I wonder whether the way of thinking that your seniors changed in you is the same as the way that you changed your juniors. If this is true, I think this might be a kind of OPU style as smell. In order to check if you smell OPU, please remind of your influencer and influencees at this graduation moment.

Thirdly, let us consider important terms in the OPU vision. One is "flying" and the other is "reliable center of community". All OPU campuses relate to term "flying". The Mozu in Naka-mozu and Sagi in Shira-sagi are kinds of bird. Habikino was named because the swan which was the reincarnation of Yamato-Takeru showed his feathers when he flew off from Furuichi. Rinku was named because they look out Kansai Airport.

On the other hand, being a reliable center of community requires OPU to be sustainable. You may be afraid that the OPU brand may disappear when OPU is integrated with OCU (Osaka City University). Even if the integrated new university has a different brand name from OPU, it is still your mother school. Do not worry. Our alumni association will take care of you continuously.

OPU has a graduate school for members of society, life-long education program and entrepreneur education program. In order to keep in touch with you, OPU publishes an e-mail magazine once a week and posts daily activities on our Facebook page. So please keep in touch with us.

Let me summarize the three parts of my address. You may not be aware of any OPU smell attached to your activity but I am sure you have it. Being proud of that OPU smell; please jump into your world just like birds. Further, please look for your influencer and influencees at your new position. During working with them, the OPU smell from your activities here will play an important role.

Please come back to the Sakura festival in April and university festivals in May and November. Then you may experience the OPU smell again. OPU and you are influencers and will influence each other forever.

Thank you for your kind attention. Once again, congratulations on your graduation.

March 24, 2017

● FY2017 Welcome Address (Extended Summary)
Ladies and gentlemen, congratulations on entrance and welcome to Osaka Prefecture University (OPU). On behalf of the university, it is

付録　Think Flexibly, Act Robustly: Your Keys to Success

my great pleasure to give an address to memorialize this event.

My address includes three stories. First, I will talk about an old map that I saw at the museum in Sakai city the other day. Second, I will review what car navigation and its analogy are. Finally, I will introduce OPU's vision. By integrating these three topics, I intend to make a strong message to encourage you in your studies at OPU.

I'd like to begin with an experience I had on a museum visit. There was an old map on display in Ri-Sho-no-Mori, which is quite different from the current global map. While the size of Osaka and the Korean Peninsula are larger in this old map, Hokkaido is rather small. Most islands between Kyusyu and Okinawa are depicted in detail. At first, I doubted there was a lot of difficulty in drawing an exact map at that time. Then I felt ashamed as I have no idea on how to draw an exact map if I was in that era.

How do you feel about my experience? Could you draw an exact map of Osaka now by yourself? You may be able to do it because you are already familiar with the shape of

103

Osaka. However, how can you draw a map for a wide range of other places? I am wondering …… Even if you have enough time and budget, it is difficult for you to draw an exact one by yourself without knowledge of the target area. Do you agree?

Focusing my thoughts on maps, I started to consider the question: "why did they draw such maps as those seen in the museum?" Next, I have a question: why do we need to draw maps?

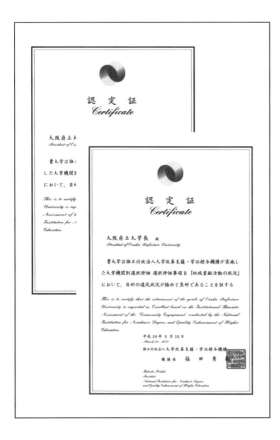

The reason why Mr. Tadataka Inoh drew a map during the Edo era was to measure the size of the Earth. There is a variety of maps for specific purposes: route maps, sightseeing maps, and charts. At that time I realized that precision is not always important for a map but the reason for drawing it should be clear.

Let me proceed to the second story. As you may know, car navigation systems and route search services for public transportation are very popular today. There are three main elements to these systems and services: current position, goal position, and route displayed on the map. Global positioning systems (GPSes) can identify our exact current position. Once we specify the goal position, the car navigation system or route search service will find the best (shortest) chain of paths on the map as a route.

Research on the shortest path problem started in the 1950s. When I was an undergraduate, I was strongly impressed how wonderful the algorithm at the time was for solving the problem. It was not difficult for me to understand the method to find the shortest path once properly studied. However, at that time, no one was sure that such an algorithm could be used every day and everywhere.

I have two strong impressions on this study. One impression is that it is a breakthrough for business. Even if we have an algorithm that can solve the shortest-path problem, nothing has occurred. However, once it is integrated into positional and mapping systems, millions of people will benefit from it.

The other impression is its analogy to human life. Let us associate the original problem with your life. Where are you now? Do you have special GPS which identifies your current position in your life? Where is your future goal? Are there sub-goals for your big goal? To find the path from your current position to your final goal, do you have a map? What does the map look like? Who can draw the map for your life? Yes, this analogy suggests that an original map and route should be drawn for your life.

Finally, let me tell you about two important terms in OPU's vision. One is "cutting-edge research" and the other is "reliable center of community". During the last financial year, OPU was evaluated on its activities by an official organization called the "National Institution for Academic Degrees and Quality Enhancement of Higher Education". The evaluation results on research and social contribution received from them were both "VERY GOOD." We are proud of our vision and results.

Our vision also refers to "flying." All OPU campus names are related to "flying". Mozu in Naka-mozu and Sagi in Shira-sagi are types of bird. Habikino was named because a swan believed to be the reincarnation of Yamato Takeru showed his feathers when he flew off from Furuichi. Rinku was named because it is adjacent to Kansai Airport.

To summarize, you may not have a map for your own life yet. If you do not have map, you cannot identify your current position nor plot your goal position, and you cannot fly into the world without map.

付録　Think Flexibly, Act Robustly: Your Keys to Success

Therefore, I strongly encourage you to draw a map for your future through your studies. OPU, who was evaluated as "VERY GOOD" in both research and social contribution, will help you to do it. It may take time. You may need help from professors and friends. Your map should be different from others. We will be happy if all of you would draw your own original map for your life at OPU.

Even if you cannot draw the perfect map while you are at OPU, it is no problem. Rather, you should learn the skills to refine your activity map under the supervision of OPU faculties. Some parts of the map should be drawn in detail as your major while other parts may be rough as liberal arts. While en route, you may encounter a closed path. It is not uncommon. Do not worry. You may find another shortest path if you continue to study. Car-navigation systems tell us this is true.

You may receive a referable map from your advisors and seniors. You may pass your map to your juniors in the future. We are very happy if great map can be drawn under the collaboration of OPU stakeholders for our brilliant future.

Thank you for your kind attention. Once again, congratulations on your entrance.

April 6, 2017

- FY2017 Commencement Address (Extended Summary)

Ladies and gentlemen! Congratulations on your graduation from Osaka Prefecture University. On behalf of the university, it is my great pleasure to give an address to memorialize this event. My address is in three parts. First I will ask if you are surprised when you find something new. Second, I will discuss the metaphor of a car navigation system in regard to your career path. Finally, I would like to encourage you to draw your own original map for a brilliant future.

I'd like to begin with some questions. Are you surprised at the capability of Artificial Intelligence, such as image/voice recognition systems and their decision making capability? Are you surprised at the convenience of smartphones with not only their cameras and microphones but also face detection and voice translation functions? When I was a student, I could imagine none of them. I cannot help being surprised at social progress when I look back across time.

Unless you review past human life and culture, you may fail to be surprised at our amazing social progress. Without being surprised, it is difficult to

付録　Think Flexibly, Act Robustly: Your Keys to Success

create a future society.

Let me proceed to the second part. As you may know, car navigation systems are very popular today. Once we specify the goal position, the car navigation system will find the best (or shortest) chain of paths on the map as a route from the current position. I think it suggests a human career. Let us associate driving the car with your lifework. Where are you now? Where is your destination as a goal? Are there sub-goals for your final goal? To find the path from your current position to your final goal in your life, do you have a map with a lot of optional paths? What does the map for your future look like? Who can draw paths on the map for your life? Yes, this analogy suggests that the abstract map for your career path should be drawn by yourself.

Thirdly, let us consider the metaphor of a map for our career path. There was an old map on display in Ri-Sho-no-Mori, which is quite different from the current well-known global map. While the size of Osaka and the Korean

Peninsula are larger on this old map, Hokkaido is rather small. Most islands between Kyushu and Okinawa are depicted in detail. The rivers in the Asian continent are very clearly drawn while there are few landmarks on mountains. At first, I thought the mapmakers faced a lot of difficulties in drawing an exact map. Then I noticed that they just wanted to know the sea routes and river routes in order to achieve their trading goal between Osaka and Asian cities. Then I realized that precision is not always important for a map but the reason for drawing it should be clear.

Let me bundle the three parts of my address together. Please ask elderly persons to show you old photos which include past human life and culture. Then try to identify the differences between the past and current life. You will surely find something surprising. Then invert the time axis toward the future and imagine what we should have and how we should use them. It may not be easy. I also encourage you to exchange ideas for future assessment with your colleagues. As long as you have a creative mind, you can surprise people. Once you succeed in imagining the future with surprise, please draw an original map which confirms your current position and future destination. It could be an abstract map comprising outline drawing and caricatures which is quite different from a general road map.

While en route in your daily activities, you may encounter a dead end. This is not uncommon. Do not worry. You can find another

付録　Think Flexibly, Act Robustly: Your Keys to Success

detour path if you continue to search for it. Car-navigation systems tell us this is true. If a river obstructs your way, build a bridge to across over it. If a high mountain does, dig a tunnel to go under it. I hope you will go through your life in this way. Because of your studies at Osaka Prefecture University, I am sure you can do it for a brilliant future.

If you have time, please feel free to come back to the OPU campus in the future. The OPU Sakura festival in April and OPU university festivals in May and November always welcome you.

Thank you for your kind attention. Once again, congratulations on your graduation.

March 24, 2018

● FY2018 Welcome Address (Extended Summary)
Ladies and gentlemen, congratulations on your entrance and welcome to Osaka Prefecture University (OPU). On behalf of the university, it is my great pleasure to give an address to commemorate this event.

My address starts with three questions which relate to the Wind, or "風" in Japanese. [When the kanji is read as kaze, it means wind, but when read as fuu, it can mean "style."] First, I will give my impression of "wind (風)" in the PyeongChang Olympic Games. Then, I will discuss two lyrics referencing "wind (風)" from famous

American and Japanese songs. After that, I will consider how OPU-goers have special behavioral qualities, or a special "behavior-fuu (風)." Then, I explore the relationship between problems and solutions. Finally, I will encourage you to learn in the OPU style for your entire career.

I'd like to begin with the effect of the wind "風" on the Olympic ski jumping competition. Watching the Pyeongchang competition on TV, I was excited when Japanese athletes got medals. However, the competition was paused frequently because of strong wind. The weathervane showed that the direction and strength of the wind was frequently changing. I felt that these were not fair conditions for ski jumping.

When Japanese ski jumpers started from the jumping hill, the wind was not favorable for them. As a result they missed their opportunities to obtain gold medals, and this made me disappointed. However, they expressed how they enjoyed joining the game and their aspirations for the future. They did not blame the weather conditions for their inability to get a gold medal. Perhaps they were satisfied with their preparation and accepted the bad luck. Here is my first question: what can we learn from this episode?

Let me proceed to my second question. Bob Dylan, who is a famous singer and songwriter in the USA, won the Nobel Prize in Literature two years ago. The prize was awarded to him "for having created new poetic expressions within the great American song tradition." One of his masterpieces is "Blowin' in the wind." In this poem, he wrote "the answer is blowin' in the wind" regarding some rhetorical questions about war and oppression.

Influenced by this poem, Osamu KITAYAMA wrote Japanese lyrics for a song, and Norihiko HASHIDA wrote its melody. In their song "風," they say, "whenever we look back after we give up on a dream or suffer a heartbreak, there is only the wind blowing." While the melody is so beautiful that it makes me sing it here, the lyrics are as inconsolable as Dylan's. How should we interpret their lyrics?

Next, let me introduce the words of our graduate, Manabu SAKAI at a symposium held in 2016. He said, "I felt something different from my previous impression of Silicon Valley when I visited there for the first time. It is difficult to express the exact differences, but the place seems to have a special smell." As you may know, Silicon Valley is that famous area on the West Coast of the USA, where many startup companies were established.

As I understand, the "smell" he refers to is invisible but gives a distinguishing character to the place and its inhabitants. I wondered, then, if the OPU campus had its own particular smell or not. If it does, do the students attending OPU get a sense of that smell from their studies? It exists as a kind of "OPU style," or "校風" in Japanese. Do my questions make sense?

I have posed these three questions to you. Now, you can see there are no specific correct answers for them. You can have your own original answers. Indeed, you should find your original answers.

Let us get back to the second question. The lyric "the answer is blowin' in the wind" implies that there is no one solution for real social problems. Rather, it seems to encourage us to create original solutions for the problems. While the entrance examinations may have correct answers, real-world problems do not always have single solutions. There should be lots of alternatives. The important thing is to have the ability to suggest alternatives and compare them.

We are proud of our "校風 (OPU style)"; Nikkei reported in 2017 that the overall evaluation for our graduates is ninth among Japanese universities. OPU-goers always make the most of their abilities. They have room for further growth. OPU-goers do not run away from any

付録　Think Flexibly, Act Robustly: Your Keys to Success

difficulties. They are friendly and like festivals and events. Providing a variety of ways to learn, such as community regeneration programs and global internships, we continue to maintain this OPU style.

Let us return to the first question. All people should accept the winds of life. We know the wind always changes its direction and strength, as we saw in the Olympic ski jumping competition. When faced with an opposing wind, you should endure weather like a willow tree and prepare for your future. Without a doubt, the wind will change its direction and support you one day.

Real social problems do not have universal correct solutions. We must have the ability to create alternatives and select one from them. OPU provides a variety of programs for OPU-goers to acquire that ability.

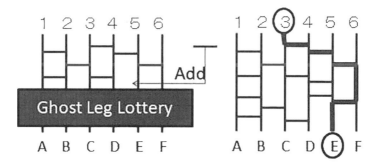

At first you see a group of vertical lines and rungs (random scattered horizontal lines) between adjacent vertical lines. The lower part is hidden so that you can't tell which line top leads to which line bottom. Some may add a rung as they like before one chooses line top.
Removing the cover, everyone traces the path from their choice at the top to the bottom where he should turn at the corner.

115

I hope you will remember my message from today whenever you feel the wind blowing. Once again, congratulations on your entrance to OPU. Thank you.

April 6, 2018

● FY2018 Commencement Address (Extended Summary)

Ladies and gentlemen! Congratulations on your graduation from Osaka Prefecture University. On behalf of the university, it is my great pleasure to give an address to memorialize this event. My address compares our life to Amida-kuji (It is also called ghost leg lottery as explained below).

Let me review my life. There were a lot of horizontal lines in Amida-kuji which shifted my life from one line to another. When I was young, I wanted to be a Mathematics teacher. However, I knew my capability was inferior to my friends when I was an undergraduate. Changing my mind, I joined an electronic company in 1978. Although I wanted to be an engineer in the company, I was assigned to a research laboratory against my will. Similarly, my career continuously shifted from one line to another. Some of the lines were drawn by me with my strong intention and my capability. Others were drawn against my will by my advisers, bosses, seniors and so on. Some were lucky and others were unlucky for me. Don't you have the same experience?

付録　Think Flexibly, Act Robustly: Your Keys to Success

I am not sure if you joined OPU with your will or against your will. I am not sure if your campus life including study and extra-curricular activities were with your will or against your will. But I am sure there were visible changes in your life while you were in OPU. I would like to encourage you to compare your OPU life to Amida-kuji. I believe you will find a lot of horizontal lines which shifted your old line to a new line.

Let us regard our life as drawing Amida-kuji. I encourage you to add a horizontal line to your life in the future if you find a new goal. To do this, please continue to study even if you are a university graduate. I also encourage you to add a horizontal line to the life of others. To do this, please continue to improve your capability. You should be a positive influencer for them.

Once we add a line to "辛" which means "hardships", it becomes "幸" which means "happiness". I will be happy if you remember my message whenever you encounter hardships or draw any lottery.

Finally, if you have time, please feel free to come back to the OPU campus in the future. The OPU Sakura Festival in April and OPU University Festivals in May and November always welcome you. Thank you for your kind attention. Once again, congratulations on your graduation.

March 24, 2019

● 著者略歴

辻　洋　（つじ　ひろし）

1953年広島県生まれ。1978年㈱日立製作所入社、1987-88年米国カーネギーメロン大学客員研究員、2002年大阪府立大学工学研究科教授、2012年同現代システム科学域長、2013年同理事・副学長、2015-19年同理事長・学長。博士（工学）、技術士（情報工学）、特種情報処理技術者。専門は経営情報システム。著書「経営情報処理のための知識情報処理技術」（辻・大川、コロナ社、2000年）

OMUPの由来

大阪公立大学共同出版会（略称OMUP）は新たな千年紀のスタートとともに大阪南部に位置する5公立大学、すなわち大阪市立大学、大阪府立大学、大阪女子大学、大阪府立看護大学ならびに大阪府立看護大学医療技術短期大学部を構成する教授を中心に設立された学術出版会である。なお府立関係の大学は2005年4月に統合され、本出版会も大阪市立、大阪府立両大学から構成されることになった。また、2006年からは特定非営利活動法人（NPO）として活動している。

Osaka Municipal Universities Press (OMUP) was catablished in new millennium as an assosiation for academic publications by professors of five municipal universities, namely Osaka City University, Osaka Prefecture University, Osaka Women's University, Osaka Prefectural College of Nursing and Osaka Prefectural College of Health Sciences that all located in southern part of Osaka. Above prefectural Universities united into OPU on April in 2005. Therefore OMUP is consisted of two Universities, OCU and OPU. OMUP was renovated to be a non-profit organization in Japan from 2006.

しなやかにしたたかにシステム思考
学長からのメッセージ

2019年6月3日　初版第1刷発行

著　者　辻　　　洋
発行者　足立　泰二
発行所　大阪公立大学共同出版会（OMUP）
　　　　〒599-8531　大阪府堺市中区学園町1-1
　　　　大阪府立大学内
　　　　TEL　072(251)6533
　　　　FAX　072(254)9539
印刷所　株式会社 遊 文 舎

©2019 by Hiroshi Tsuji. Printed in Japan
ISBN 978-4-909933-03-4